사자소학
바르게
쓰기

사자소학
바르게
쓰기

초판 1쇄 발행 | 2020년 08월 31일

엮은이 | 편집부

발행인 | 김선희 · 대 표 | 김종대
펴낸곳 | 도서출판 매월당
책임편집 | 박옥훈 · 디자인 | 윤정선 · 마케터 | 양진철 · 김용준

등록번호 | 388-2006-000018호
등록일 | 2005년 4월 7일
주소 | 경기도 부천시 소사구 중동로 71번길 39, 109동 1601호
        (송내동, 뉴서울아파트)
전화 | 032-666-1130 · 팩스 | 032-215-1130

ISBN 979-11-7029-200-5 (13710)

이 도서의 국립중앙도서관 출판시도서목록(CIP)은 서지정보유통지원시스템 홈페이지
(http://seoji.nl.go.kr)와 국가자료공동목록시스템(http://www.nl.go.kr/kolisnet)에서
이용하실 수 있습니다.(CIP제어번호 : CIP2020018056)

사자소학 바르게 쓰기

편집부 엮음

매월당
MAEWOLDANG

우리나라에서 편찬된 《사자소학四字小學》은 《소학小學》을 바탕으로 하여 엮은 책이다. 《소학》은 중국 송나라 유학자 주희朱熹의 지시에 따라 그의 제자 유자징劉子澄이 8세 안팎의 아동들에게 유학을 가르치기 위하여 편찬한 수양서로, 1187년(남송 순희 14년)에 완성되었으며 내편內篇 4권, 외편外篇 2권 등 전 6권으로 되어 있다.

《소학》은 유교 사회의 도덕규범 중 기본적이고 필수적인 내용을 가려 뽑은 것으로서 유학 교육의 입문서와 같은 역할을 하였다. 주자에 의하면 《소학》은 집을 지을 때 터를 닦고 재목을 준비하는 것이며, 《대학》은 그 터에 재목으로 집을 짓는 것에 비유하여 《소학》이 인간 교육의 바탕이 됨을 강조하였다.

내용은 일상생활의 예의범절, 수양을 위한 격언, 충신과 효자의 사적 등을 모아 놓았는데, 내편은 입교人教・명륜明倫・경신敬身・계고稽古, 외편은 가언嘉言・선행善行으로 나뉘어 효孝・제弟・충忠・신信 등 사람의 도리와 수신의 절차가 기록되어 있다.

먼저 내편에 수록되어 있는 입교는 교육하는 법을 말하는 것이고, 명륜은 오륜을 밝힌 것이며, 경신은 몸을 공경히 닦는 것이고, 계고는 옛 성현의 사적을 기록하여 입교・명륜・경신을 설명한 것이다.

다음으로 외편에 수록되어 있는 가언은 옛 성현들의 좋은 교훈을 인용하고, 선행은 선인들의 착한 행실을 모아 입교・명륜・경신을 널리 인용하고 있다. 즉, 쇄소灑掃(물을 뿌리고 비로 쓰는 일)・응대應對(손님을 접대함)・진퇴進退(나아감과 물러남) 등 어린아이의 처신하는 절차부터 인간의 기본 도리에 이르기까지 망라되어 있다.

우리나라에서 《소학》이 중시된 것은 조선 초기부터이다. 어릴 때부터 유교 윤리관을 몸소 체험을 통해 알게 하기 위해 아동의 수신서로서 장려되어, 사학四學(조선 시대에 나라에서 인재를 기르기 위하여 서울의 네 곳에 세운 교육 기관으로, 위치에 따라 중학中學・동학東學・남학南學・서학西學이 있었음)・향교・서원・서당 등 당시의 모든 유학 교육기관에서는 이를 필수 교과목으로 다루었다.

권근權近은 《소학》의 통달을 강조하면서 먼저 《소학》을 읽은 다음에 다른 공부를 할 것이며, 성균관에 입학하고자 하는 사람에게는 《소학》의 능통 여부를 알아본 다음에 시험에 응할 수 있도록 해야 한다고 하였다.

김굉필(金宏弼)은 《소학》의 중요성을 더욱 강조하여 모든 학문의 입문이며 기초인 동시에 인간 교육의 절대적인 원리가 됨을 역설하였다. 그 자신 또한 평생 《소학》을 손에서 놓지 않고 소학동자小學童子라 스스로 칭하였다.

이들 이후로도 조광조趙光祖 · 김안국金安國 · 이황李滉 등 도학道學 실천을 중요시한 선비들이 《소학》의 가치와 중요성을 강조하였다. 특히 사림파들이 민중 교화의 수단으로 이를 권장하였으며, 김안국은 경상도 관찰사로 재임할 때 《소학》을 한글로 번역한 《소학언해》를 발간하여 민간에 널리 보급하기도 하였다.

1425년(세종 7년)에는 우리나라에서 간행된 《소학》이 음훈주해音訓註解가 미비하다 하여 명나라에 파견하는 사신에게 《집성소학集成小學》100권을 구입해 오도록 하였으며, 3년 후에는 주자소(조선 시대에 중앙에서 활자를 만들어 책을 찍어 내던 부서)로 하여금 이를 인쇄, 간행하도록 하였다.

1436년(세종 18년)에는 사학四學의 생도들이 《소학》을 어린이가 배우는 학문으로 여겨 평소에는 잘 읽지 않다가 성균관 진학 자격을 주는 승보시陞補試가 있게 되면 임시로 섭렵한다는 폐단이 지적되었다. 그 후부터는 사학四學 생도들로 하여금 모두 《소학》 공부에 노력을 기울이게 하되, 그 내용을 자세히 이해하여 뜻이 잘 통하는 생도만을 승보시에 응시하게 하여 뽑았다.

조선 말기인 고종 때에는 박재형이 《소학》 가운데 필요한 부분을 발췌하고 거기에 우리나라 유현儒賢의 도학道學 · 가언 · 선행 및 충신 · 효자 · 열부의 고사를 첨가하여 《해동소학 海東小學》을 편집, 간행하기도 하였다.

《소학》이 어린아이들이 읽기에는 너무 어려운 내용을 많이 담고 있는데 비하여, 《사자소학》은 적은 양의 한자로 우리가 반드시 배워서 지켜야 할 생활규범과 부모님에 대한 효도, 형제간의 우애, 친구간의 우정, 스승 섬기기, 바람직한 대인관계 등 일상생활의 도덕을 구체적이고 쉬운 문장으로 풀어서 설명하고 있다. 이러한 이유로 이 책은 서당에서 처음 학문을 배우는 아이들에게 도덕을 교육할 때 기초 교재로 널리 사용되었다.

또한 충효의 의식을 고취시켜 바른 인성을 가진 인간을 육성하려는 교육관을 가지고 있다. 이를 위해 제일 처음 덕목으로 효도를 제시하고 있는데, 자신을 낳아주고 길러주신 부모에게 효도하지 않으면 짐승과 다를 바 없다고 규정하고 있다. 또한 충과 관련해서도 인륜 중에 충효가 근본이므로 효도에 힘쓰고 충성에는 목숨을 다하라고 권장하여 결과적으로는 효도보다 충에 더 비중을 두고 있음을 알 수 있다. 이처럼 《사자소학》에서는 충효 의식과 삼강오륜을 행하여 올바른 인성을 기를 수 있도록 하고 있다.

생활교육의 강화라는 측면에서도 《사자소학》에서는 윤리적 규범을 행동으로 실천하도록 '구용九容'과 '구사九思', '사물四勿'과 '규율規律'을 제시하고 있다. '구용'이란 용태에 관한 규범이고 '구사'란 사고를 신중히 하도록 권유하는 것이다. '사물'이란 예禮가 아니면 보지도, 듣지도, 말하지도, 움직이지도 말라는 네 가지 가르침에서 나타나듯이 일상생활에서 예를 지키도록 하는 것이다. '규율'이란 질서나 제도를 유지하기 위하여 정해 놓은 행동의 준칙이 되는 본보기를 말하며, 예를 들면 '의관을 바르게 하라'와 같이 실제 생활에서 꼭 지켜야 할 실천 사례를 규정해 놓은 것이다. 또한 향약의 4대 실천 규약인 '착한 일은 서로 권하고(덕업상권德業相勸), 잘못은 서로 고쳐주며(과실상규過失相規), 서로 예절을 지키며(예속상교禮俗相交), 재앙과 어려운 일은 서로 돕는다(환난상휼患難相恤)'는 내용을 제시하여 사람이 서로 돕고 사는 태도를 실천에 옮겨 생활화하도록 권장하고 있다.

이처럼 《사자소학》은 한문의 기초적 이해를 도모할 수 있을 뿐만 아니라 우리가 살아가기 위해서 꼭 알아야 할 생활규범과 충효, 우애, 우정, 바람직한 대인관계 등 실제적인 처세법을 한데 망라한 책이니만큼 잘 배우고 익혀 유용한 인재가 되기를 소망한다. 아울러 이 책에서 익힌 내용을 일상생활에 활용한다면 우리의 삶은 더욱 풍요롭고 귀해질 것이다.

차 례

머리말 --- 004

한자의 육서 -- 008

필순의 일반적인 원칙 ----------------------------- 012

한자 해서의 기본 점과 획 ------------------------- 015

사자소학 바르게 쓰기 ----------------------------- 016

부록

  한 자에 둘 이상의 다른 음이 있는 글자 ------- 178

  혼동하기 쉬운 한자 ------------------------------ 183

한자의 육서

육서六書란 한자를 만든 원리를 말하는데, 한자漢字의 기원이 상형문자象形文字라는 것은 널리 알려진 사실이다.

아주 오랜 고대에 인류는 단순한 언어만으로는 의사소통 및 문화 전수에 한계를 느끼게 되었고, 그런 절실한 필요에 의해 문자를 만들어 쓰기 시작하였다. 그런데 그때의 문자는 눈에 보이는 사물의 모양을 본떠서 만든 상형문자가 전부였던 것이다.

예를 들면 '해'를 표현할 때는 해의 그림을 그려서 표현하였는데, 그런 그림이 점점 변하여 문자가 된 것이다.

그런데 인지人智가 발달하고 사회가 복잡해지면서 점차로 여러 가지 개념들을 표현할 필요가 생기게 되었고, 그에 따라 기존의 한자보다 훨씬 많은 수의 글자가 필요하게 되었다. 때문에 몇 가지 일정한 원리에 따라 한자를 만들어 쓰게 되었는데, 《설문해자說文解字》의 저자인 허신許愼은 한자가 만들어진 원리를 '한자 구성 요소의 결합에 따라 여섯 가지 종류'로 나누었다. 이를 '육서六書'라고 한다. 즉 다시 말하면, 육서란 '한자를 만든 여섯 가지 원리'이다.

상형문자象形文字

사물의 모양을 그대로 본떠서 그려낸 가장 기초적인 글자를 상형문자라고 한다. 그리고 상형문자에 속하는 상당수의 글자들이 한자의 부수部首 역할을 한다.

예 山, 川, 水, 日, 月, 木, 人, 手, 心, 耳, 目, 口, 自, 足. 米, 門, 車

지사문자 指事文字

상징적인 부호를 사용해서 구체적 사물의 모양으로 표현이 안 되는 추상적인 개념들을 표시한 문자를 지사문자라고 한다. 지사문자의 특징은 먼저 추상적인 의미를 표현하는데, 굽고 곧은 선이나 점 등으로 표시하고, 상형문자와 함께 글자의 모양을 더 이상 쪼갤 수 없는 것이 특징이다.

🔲 一, 二, 三, 五, 七, 十, 上, 中, 下, 本, 末, 刃, 引

회의문자 會意文字

이미 만들어진 둘 이상의 한자를, 뜻에 따라 합하여 하나의 문자로 만들어 다른 뜻을 나타내는 것을 회의문자라 한다.

🔲 木＋木＝林('나무' 들이 합쳐져 '수풀' 을 이룸), 森(나무 빽빽할 삼)

　 日＋月＝明('해' 와 '달' 이 합쳐져 '밝다' 는 뜻이 됨)

　 田＋力＝男('밭 전' 자와 '힘 력' 자가 합쳐져 '사내, 남자' 의 뜻이 됨), 休(쉴 휴),

　 　 臭(냄새 취), 突(갑자기 돌), 取(가질 취) 등.

형성문자 形聲文字

한쪽이 음을 나타내고 다른 한쪽이 뜻을 나타내는 것을 형성문자라 하는데, 한자 중에서 형성문자가 가장 많다.

🔲 問＝門(음)＋口(뜻), 聞＝門(음)＋耳(뜻)

　 梅＝木(뜻)＋每(음), 海＝水(뜻)＋每(음)

　 淸＝水(뜻)＋靑(음), 請(청할 청), 晴(갤 청), 鯖(청어 청), 菁(부추꽃 청)

　 花＝艸(뜻)＋化(음)

　 勉＝免(음)＋力(뜻)

전주문자 轉注文字

'전주'라는 단어에서 보듯이, 전轉(구를 전)이란 수레바퀴가 구르는 것처럼 뜻이 굴러서 다른 뜻으로 변하는 것이고, 주注(물댈 주)란 그릇에 물이 넘쳐흐르듯 다른 뜻으로 옮겨 흐른다는 것을 말한다. 즉 기존 글자의 원뜻이 유추, 확대, 변화되어 새로운 뜻으로 바뀌는 것을 말하는데, 뜻뿐만 아니라 음도 바뀌는 경우가 있다.

뜻만 바뀌는 경우

注[물댈 주] : 주注는 물을 댄다는 뜻이 본뜻이었는데, 그 의미가 확대되어 주목한다는 뜻으로 전의되어 주목注目, 주시注視와 같이 쓰인다. 거기에 또다시 전의되어 주해注解, 주석注釋과 같이 자세히 푼다는 뜻으로 쓰인다.

天[하늘 천] : 천天은 본시 하늘이라는 뜻이었는데 전의되어 자연이라는 뜻으로 쓰인다. 천연天然의 天이 그 예이다. 그런데 이 문자는 또다시 출생出生, 발생發生의 뜻으로 유추되어 쓰이는데 선천先天, 후천後天이 그 예이다.

뜻과 음이 함께 바뀌는 경우

說[말씀 설] : 설說의 본뜻은 말씀이다. 말씀으로써 다른 사람을 달래기 때문에 달랜다는 뜻으로 쓰인다. 이때의 음은 '세'인데 유세遊說가 그 예이다.

樂[풍류 악] : 악樂의 본뜻이 '풍류'로 음은 '악'이다. 음악을 듣는 것은 즐거운 일이기 때문에 즐긴다는 뜻으로도 쓰이는데, 이때의 음은 '락'이다. 또한 즐거운 것은 누구나 좋아하기 때문에 좋아한다는 뜻으로도 쓰인다. 이때의 이름은 '요'이다.

惡[악할 악] : 악惡은 본시 악하다는 뜻으로 음이 '악'이었는데 악한 것은 모두 미워하는 것이기 때문에 미워한다는 뜻으로 쓰이기도 한다. 이때의 음은 '오'이다. 증오憎惡, 오한惡寒이 그 예이다.

가차문자假借文字

가차는 '가짜로 빌려 쓰다.'라는 뜻 그대로, 기본적으로 발음이 같은 개념을 빌려 쓰거나, 글자 모양을 빌리는 등 외국어의 표기에 사용하고, 의성어나 의태어와 같은 부사어적 표현에도 쓰인다. 즉, 뜻글자[表意文字]로서 발생하는 한계를 극복해 준 개념으로서, 이로 인해 외국과의 문자적 소통이 가능하게 되었는데, 현재 우리의 생활 속에서 사용되는 많은 외래어가 이 가차의 개념을 도입하여 표기하고 있다. 전주와 가차의 활용은 한자의 발전 과정 속에서 매우 큰 역할을 하였는데, 이 원리의 발견으로 인해 한자가 동양에서 가장 확실한 문자文字로서 발전할 수 있었다고 할 수 있을 것이다.

예 달러DOLLAR → 불弗

아시아ASIA → 아세아亞細亞

인디아INDIA → 인도印度

프랑스FRANCE → 법랑서法朗西 → 법국法國 → 불란서佛蘭西

도이칠랜드DOUTCHILAND → 덕국德國 → 독일獨逸

잉글랜드ENGLAND → 영격란국英格蘭國 → 영길리英吉利 → 영국英國

필순의 일반적인 원칙

한자의 필순

한자漢子를 쓸 때의 바른 순서를 필순이라 한다. 한자를 바른 순서에 따라 쓰면 가장 쉬울 뿐만 아니라, 쓴 글자의 모양도 아름답다.

필순의 기본적인 원칙

1. 위에서 아래로 쓴다.

言 (말씀 언) : 言 言 言 言 言 言 言

三 (석 삼) : 三 三 三

客 (손 객) : 客 客 客 客 客 客 客

2. 왼쪽에서 오른쪽으로 쓴다.

川 (내 천) : 川 川 川

仁 (어질 인) : 仁 仁 仁 仁

外 (바깥 외) : 外 外 外 外 外

필순의 여러 가지

1. 가로획과 세로획이 겹칠 때는 가로획을 먼저 쓴다.

木 (나무 목) : 木 木 木 木

土 (흙 토) : 土 土 土

共 (함께 공) : 共 共 共 共 共 共

末 (끝 말) : 末 末 末 末 末

2. 가로획과 세로획이 겹칠 때 다음의 경우에 한하여 세로획을 먼저 쓴다.

田 (밭 전) : 田 田 田 田 田

3. 한가운데 부분은 먼저 쓴다.

小 (작을 소) : 小 小 小

山 (뫼 산) : 山 山 山

水 (물 수) : 水 水 水 水

＊예외인 경우 : 火 (불 화) : 火 火 火 火

4. 몸은 먼저 쓴다.

안을 에워싸고 있는 바깥 둘레를 '몸'이라고 하는데, 몸은 안보다 먼저 쓴다.

回 (돌아올 회) : 回 回 回 回 回 回

固 (굳을 고) : 固 固 固 固 固 固 固

5. 삐침은 파임보다 먼저 쓴다.

人 (사람 인) : 人 人

文 (글월 문) : 文 文 文 文

父 (아비 부) : 父 父 父 父

6. 글자 전체를 꿰뚫는 획은 나중에 쓴다.
中 (가운데 중) : 中 中 中 中
事 (일 사) : 事 事 事 事 事 事 事
女 (계집 녀) : 女 女 女
母 (어미 모) : 母 母 母 母 母
*예외인 경우 : 世 (세상 세) : 世 世 世 世 世

특히 주의해야 할 필순

1. 삐침은 짧고 가로획은 길게 써야 할 글자는 삐침을 먼저 쓴다.
右 (오른 우) : 右 右 右 右 右
有 (있을 유) : 有 有 有 有 有 有

2. 삐침은 길고 가로획은 짧게 써야 할 글자는 가로획을 먼저 쓴다.
左 (왼 좌) : 左 左 左 左 左
友 (벗 우) : 友 友 友 友

3. 받침을 먼저 쓰는 경우.
起 (일어날 기) : 起 起 起 起 起 起 起
勉 (힘쓸 면) : 勉 勉 勉 勉 勉 勉 勉

4. 받침을 나중에 쓰는 경우.
遠 (멀 원) : 遠 遠 遠 遠 遠 遠 遠
近 (가까울 근) : 近 近 近 近 近 近 近
建 (세울 건) : 建 建 建 建 建 建 建

5. 오른쪽 위의 점은 나중에 찍는다.
犬 (개 견) : 犬 犬 犬 犬
伐 (칠 벌) : 伐 伐 伐 伐 伐 伐
成 (이룰 성) : 成 成 成 成 成 成 成

한자 해서의 기본 점과 획

、	꼭지점				字	丶	치킴			凍
丶	왼점				小	㇏	파임			八
丶	오른점				六	㇟	받침			進
丶	치킨점				心	乚	지게다리			式
一	가로긋기				王	亅	굽은갈고리			手
丨	내리긋기				川	乚	새가슴			兄
亅	왼갈고리				水	乙	누운지게다리			心
乚	오른갈고리				民	乙	새을			乙
㇆	평갈고리				定	㇟	봉날개			風
ㄱ	오른꺾음				日	㇈	좌우꺾음			弓
ㄴ	왼꺾음				亡					
ㄱ	꺾음갈고리				力					
ㄱ	꺾어삐침				又					
ノ	삐침				九					

영자 팔법

永

① 점
② 가로획
⑤ 치킴
⑥ 삐침
④ 갈고리
③ 세로획
⑦ 짧은삐침
⑧ 파임

영자 팔법永字八法 : '永' 자 한 자를 쓰는데, 모든 한자에 공통하는 여덟 가지 운필법運筆法이 들어 있음을 말한다.

父	生	我	身	**부생아신**
아비 부	날 생	나 아	몸 신	아버지는 내 몸을 낳으시고
父父父父	生生生生生	我我我我我我	身身身身身身	
父 父	生 生	我 我	身 身	

母	鞠	吾	身	**모국오신**
어미 모	기를 국	나 오	몸 신	어머니는 내 몸을 길러주셨다.
母母母母母	鞠鞠鞠鞠鞠鞠鞠	吾吾吾吾吾吾吾	身身身身身身	
母 母	鞠 鞠	吾 吾	身 身	

腹	以	懷	我	**복이회아**
배 복	써 이	품을 회	나 아	배로써 나를 품어주시고
腹腹腹腹腹腹腹	以以以以以	懷懷懷懷懷懷懷	我我我我我我我	
腹 腹	以 以	懷 懷	我 我	

乳	以	哺	我	**유이포아**
젖 유	써 이	먹을 포	나 아	젖으로써 나를 먹여주셨다.
乳乳乳乳乳乳乳	以以以以以	哺哺哺哺哺哺哺	我我我我我我我	
乳 乳	以 以	哺 哺	我 我	

以	衣	溫	我
써 이	옷 의	따뜻할 온	나 아
以以以以以	衣衣衣衣衣衣	溫溫溫溫溫溫溫	我我我我我我我
以 以	衣 衣	溫 溫	我 我

이의온아

옷으로써 나를 따뜻하게 해주시고

以	食	飽	我
써 이	밥 식	배부를 포	나 아
以以以以以	食食食食食食食	飽飽飽飽飽飽飽	我我我我我我我
以 以	食 食	飽 飽	我 我

이식포아

밥으로써 나를 배부르게 하셨도다.

恩	高	如	天	은고여천
은혜 은	높을 고	같을 여	하늘 천	은혜는 하늘과 같이 높고
恩恩恩恩恩恩恩	高高高高高高高	如如如如如如	天天天天	
恩 恩	高 高	如 如	天 天	

德	厚	似	地	덕후사지
큰 덕	투터울 후	같을 사	땅 지	덕은 땅과 같이 두타우니
德德德德德德德	厚厚厚厚厚厚厚	似似似似似似似	地地地地地地	
德 德	厚 厚	似 似	地 地	

爲	人	子	者
할 위	사람 인	아들 자	놈 자
爲爲爲爲爲爲爲	人人	子子子	者者者者者者者
爲 爲	人 人	子 子	者 者

위인자자

사람의 자식
된 자가

曷	不	爲	孝
어찌 갈	아닐 불	할 위	효도 효
曷曷曷曷曷曷曷	不不不不	爲爲爲爲爲爲爲	孝孝孝孝孝孝孝
曷 曷	不 不	爲 爲	孝 孝

갈불위효

어찌 효도하지
않겠는가!

欲	報	其	德
하고자 할 **욕**	갚을 **보**	그 기	큰 덕
欲欲欲欲欲欲	報報報報報報	其其其其其其其	德德德德德德德

욕보기덕

그 은덕을 갚
고자 할진대

昊	天	罔	極
하늘 호	하늘 천	그물 망	다할 극
昊昊昊昊昊昊昊	天天天天	罔罔罔罔罔罔罔	極極極極極極極

호천망극

하늘처럼 다함
이 없도다.

晨	必	先	起
새벽 신	반드시 필	먼저 선	일어날 기
晨晨晨晨晨晨晨	必必必必必	先先先先先先	起起起起起起起
晨 晨	必 必	先 先	起 起

신필선기

새벽에는 반드
시 먼저 일어
나서

必	盥	必	漱
반드시 필	대야 관	반드시 필	양치질할 수
必必必必必	盥盥盥盥盥盥盥	必必必必必	漱漱漱漱漱漱漱
必 必	盥 盥	必 必	漱 漱

필관필수

반드시 세수하
고 반드시 양
치질하라.

昏	定	晨	省
어두울 **혼**	정할 **정**	새벽 **신**	살필 **성**
昏昏昏昏昏昏昏	定定定定定定定	晨晨晨晨晨晨晨	省省省省省省省
昏 昏	定 定	晨 晨	省 省

혼정신성

저녁에는 잠자리를 정하고 새벽에는 문안을 살피며

冬	溫	夏	淸
겨울 **동**	따뜻할 **온**	여름 **하**	서늘할 **청**
冬冬冬冬冬	溫溫溫溫溫溫溫	夏夏夏夏夏夏	淸淸淸淸淸淸淸
冬 冬	溫 溫	夏 夏	淸 淸

동온하청

겨울에는 따뜻하고 여름에는 시원하게 해드려라.

父	母	呼	我
아비 부	어미 모	부를 호	나 아
父父父父	母母母母母	呼呼呼呼呼呼	我我我我我我

부모호아

부모님께서 나를 부르시거든

唯	而	趨	進
오직 유	말 이을 이	달릴 추	나아갈 진
唯唯唯唯唯唯唯	而而而而而而	趨趨趨趨趨趨趨	進進進進進進進

유이추진

빨리 대답하고 달려 나아가라.

父	母	使	我
아비 부	어미 모	하여금 사	나 아
父父父父	母母母母母	使使使使使使使	我我我我我我我

부모사아

부모님께서 나를 부리시거든

勿	逆	勿	怠
말 물	거스를 역	말 물	게으름 태
勿勿勿勿	逆逆逆逆逆逆逆	勿勿勿勿	怠怠怠怠怠怠怠

물역물태

거스르지 말고 게을리하지 말라.

025

父	母	有	命	**부모유명**
아비 **부**	어미 **모**	있을 **유**	목숨, 명령 **명**	부모님께서 분
父父父父	母母母母母	有有有有有有	命命命命命命命	부하는 것이
				있으시거든

俯	首	敬	聽	**부수경청**
구부릴 **부**	머리 **수**	공경할 **경**	들을 **청**	머리를 숙이
俯俯俯俯俯俯俯	首首首首首首首	敬敬敬敬敬敬敬	聽聽聽聽聽聽聽	고 공경히 들
				어라.

坐	命	坐	聽	**좌명좌청**
앉을 **좌**	목숨, 명령 **명**	앉을 **좌**	들을 **청**	앉아서 분부하시면 앉아서 듣고
坐坐坐坐坐坐坐	命命命命命命命	坐坐坐坐坐坐坐	聽聽聽聽聽聽聽	
坐 坐	命 命	坐 坐	聽 聽	

立	命	立	聽	**입명입청**
설 **립**	목숨, 명령 **명**	설 **립**	들을 **청**	서서 분부하시거든 서서 들어라.
立立立立立	命命命命命命命	立立立立立	聽聽聽聽聽聽聽	
立 立	命 命	立 立	聽 聽	

父	母	出	入	부모출입
아비 부	어미 모	날 출	들 입	부모님께서 나 가시거나 들어 오시거든
父父父父	母母母母母	出出出出出	八入	

每	必	起	立	매필기립
매양 매	반드시 필	일어날 기	설 립	매번 반드시 일어나 서라.
每每每每每每每	必必必必必	起起起起起起起	立立立立立	

父	母	衣	服	**부모의복**
아비 부	어미 모	옷 의	옷 복	부모님의 옷을
父父父父	母母母母母	衣衣衣衣衣衣	服服服服服服服	

勿	踰	勿	踐	**물유물천**
말 물	넘을 유	말 물	밟을 천	넘어 다니거나 밟지 말라.
勿勿勿勿	踰踰踰踰踰踰踰	勿勿勿勿	踐踐踐踐踐踐踐	

父	母	有	疾
아비 부	어미 모	있을 유	병 질
父父父父	母母母母母	有有有有有有	疾疾疾疾疾疾疾
父 父	母 母	有 有	疾 疾

부모유질

부모님께서 병을 앓으시거든

憂	而	謀	瘳
근심할 우	말 이을 이	꾀할 모	나을 추
憂憂憂憂憂憂憂	而而而而而而	謀謀謀謀謀謀謀	瘳瘳瘳瘳瘳瘳瘳
憂 憂	而 而	謀 謀	瘳 瘳

우이모추

근심하고, 나으실 수 있도록 꾀하라.

對	案	不	食
대답할 **대**	책상 **안**	아닐 **불**	밥 **식**
對對對對對對對	案案案案案案案	不不不不	食食食食食食食

대안불식

밥상을 대하시
고서 잡수시지
않으시거든

思	得	良	饌
생각할 **사**	얻을 **득**	좋을 **량**	반찬 **찬**
思思思思思思思	得得得得得得得	良良良良良良良	饌饌饌饌饌饌饌

사득양찬

좋은 음식 장
만할 것을 생
각하라.

出	必	告	之
날 출	반드시 필	아뢸 고	갈 지
出出出出出	必必必必必	告告告告告告告	之之之

反	必	面	之
되돌릴 반	반드시 필	낯 면	갈 지
反反反反	必必必必必	面面面面面面面	之之之

반필면지

돌아오면 반드
시 뵈어라.

愼	勿	遠	遊
삼갈 신	말 물	멀 원	놀 유
愼愼愼愼愼愼	勿勿勿勿	遠遠克克克遠遠	遊遊遊遊游游遊

신물원유

부디 먼 곳에 가서 놀지 말 것이며

遊	必	有	方
놀 유	반드시 필	있을 유	모 방
遊遊遊遊游游遊	必必必必必	有有有有有有	方方方方

유필유방

놀러 나가더라도 반드시 일정한 곳이 있게 하라.

出	入	門	户
날 출	들 입	문 문	지게 호
出 出 出 出 出	入 入	門 門 門 門 門 門 門	户 户 户 户
出 出	入 入	門 門	户 户

출입문호

문호를 출입할
때에는

開	閉	必	恭
열 개	닫을 폐	반드시 필	공손할 공
開 開 開 閉 閉 閉 開	閉 閉 閉 閉 閉 閉 閉	必 必 必 必 必	恭 恭 恭 共 恭 恭 恭
開 開	閉 閉	必 必	恭 恭

개폐필공

문 여닫기를
반드시 공손하
게 하라.

勿	立	門	中	물립문중
말 **물**	설 **립**	문 **문**	가운데 **중**	문 한가운데 서지 말고
勿勿勿勿	立立立立立	門門門門門門門	中中中中	
勿　勿	立　立	門　門	中　中	

勿	坐	房	中	물좌방중
말 **물**	앉을 **좌**	방 **방**	가운데 **중**	방 한가운데 앉지 말라.
勿勿勿勿	坐坐坐坐坐坐坐	房房房房房房房	中中中中	
勿　勿	坐　坐	房　房	中　中	

行	勿	慢	步
갈 행	말 물	게으를 만	걸음 보
行行行行行行	勿勺勿勿	慢慢慢慢慢慢慢	步步步步步步步
行　行	勿　勿	慢　慢	步　步

행물만보

걸어갈 때에
걸음을 거만하
게 걷지 말고

坐	勿	倚	身
앉을 좌	말 물	의지할 의	몸 신
坐坐坐坐坐坐坐	勿勺勿勿	倚倚行倚倚倚倚	身身身身身身
坐　坐	勿　勿	倚　倚	身　身

좌물의신

앉을 때에는
몸을 기대지
말라.

口	勿	雜	談
입 구	말 물	섞일 **잡**	말씀 **담**
口口口	勿勹勿勿	雜雜雜雜雜雜雜	談談談談談談談

구물잡담

입으로는 잡담을 하지 말고

手	勿	雜	戲
손 수	말 물	섞일 **잡**	놀 **희**
手手手手	勿勹勿勿	雜雜雜雜雜雜雜	戲戲戲戲戲戲戲

수물잡희

손으로는 장난을 하지 말라.

膝	前	勿	坐	**슬전물좌**
무릎 슬	앞 전	말 물	앉을 좌	부모님의 무릎 앞에 앉지 말고
膝膝膝膝膝膝膝	前前前前前前前	勿勿勿勿	坐坐坐坐坐坐坐	
膝 膝	前 前	勿 勿	坐 坐	

親	面	勿	仰	**친면물앙**
친할 친	낯 면	말 물	우러를 앙	부모님의 얼굴을 똑바로 쳐다보지 말라.
親親親親親親親	面面面面面面面	勿勿勿勿	仰仰仰仰仰仰	
親 親	面 面	勿 勿	仰 仰	

須	勿	放	笑
모름지기 수	말 물	놓을 방	웃을 소
須須須須須須須	勿勿勿勿	放放放放放放放	笑笑笑笑笑笑笑
須　須	勿　勿	放　放	笑　笑

수물방소

모름지기 큰
소리로 웃지
말고

亦	勿	高	聲
또 역	말 물	높을 고	소리 성
亦亦亦亦亦亦	勿勿勿勿	高高高高高高高	聲聲聲聲聲聲聲
亦　亦	勿　勿	高　高	聲　聲

역물고성

또한 큰 소리
로 말을 하지
말라.

侍	坐	父	母
모실 시	앉을 좌	아비 부	어미 모
侍侍侍侍侍侍侍	坐坐坐坐坐坐坐	父父父父	母母母母母

시좌부모

부모님을 모시고 앉아 있을 때는

勿	怒	責	人
말 물	성낼 노	꾸짖을 책	사람 인
勿勿勿勿	怒怒怒怒怒怒怒	責責責責責責責	人人

물노책인

다른 사람에게 화를 내거나 꾸짖지 말라.

侍	坐	親	前
모실 시	앉을 좌	친할 친	앞 전
侍侍侍侍侍侍侍	坐坐坐坐坐坐坐	親親親親親親親	前前前前前前前

부모님을 앞에 모시고 앉아 있거든

勿	踞	勿	臥
말 물	웅크릴 거	말 물	엎드릴 와
勿勿勿勿	踞踞踞踞踞踞踞	勿勿勿勿	臥臥臥臥臥臥臥

물거물와

걸터앉거나 눕지 말라.

獻	物	父	母
바칠 헌	만물 물	아비 부	어미 모
獻獻獻獻獻獻獻	物物物物物物物	父父父父	母母母母母
獻 獻	物 物	父 父	母 母

헌물부모

부모님께 물건
을 드릴 때는

跪	而	進	之
꿇어앉을 궤	말 이을 이	나아갈 진	갈 지
跪跪跪跪跪跪跪	而而而而而而	進進進進進進進	之之之
跪 跪	而 而	進 進	之 之

궤이진지

꿇어앉아서 올
려라.

與	我	飮	食
줄 여	나 아	마실 음	밥 식
與與與與與與與	我我我我我我我	飮飮飮飮飮飮飮	食食食食食食食

여아음식

나에게 음식을
주시거든

跪	而	受	之
꿇어앉을 궤	말 이을 이	받을 수	갈 지
跪跪跪跪跪跪跪	而而而而而而	受受受受受受受	之之之

궤이수지

꿇어앉아서 받
아라.

사자소학 바르게 쓰기

器	有	飮	食	기유음식
그릇 기	있을 유	마실 음	밥 식	그릇에 음식이 있어도
器器器哭哭器器	有有有有有有	飮飮飮飮飮飮飮	食食食食食食食	
器 器	有 有	飮 飮	食 食	

不	與	勿	食	불여물식
아닐 불	줄 여	말 물	밥 식	주시지 않으면 먹지 말라.
不不不不	與與與與與與與	勿勿勿勿	食食食食食食食	
不 不	與 與	勿 勿	食 食	

若	得	美	味
같을 약	얻을 득	아름다울 미	맛 미
若若若芳若若若	得得得得得得得	美美美美美美美	味味味味味味味

약득미미

만약 맛있는
음식을 얻으면

歸	獻	父	母
돌아갈 귀	바칠 헌	아비 부	어미 모
歸歸歸歸歸歸歸	獻獻獻獻獻獻獻	父父父父	母母母母母

귀헌부모

돌아가 부모님
께 드려라.

衣	服	雖	惡
옷 의	옷 복	비록 수	악할 악
衣衣衣衣衣衣	服服服服服服服	雖雖雖雖雖雖雖	惡惡惡惡惡惡惡
衣 衣	服 服	雖 雖	惡 惡

의복수악

의복이 비록
나쁘더라도

與	之	必	著
줄 여	갈 지	반드시 필	입을 착
與與與與與與與	之之之	必必必必必	著著著著著著著
與 與	之 之	必 必	著 著

여지필착

주시면 반드시
입어라.

飮	食	雖	厭	음식수염
마실 **음**	밥 **식**	비록 **수**	싫을 **염**	음식이 비록 먹기 싫더라도
飮飮飮飮飮飮飮	食食今令食食食	雖雖雖雖雖雖雖	厭厭厭厭厭厭厭	
飮 飮	食 食	雖 雖	厭 厭	

與	之	必	食	**여지필식**
줄 **여**	갈 **지**	반드시 **필**	밥 **식**	주시면 반드시 먹어라.
與與與與與與與	之之之	必必必必必	食食食食食食食	
與 與	之 之	必 必	食 食	

047

사자소학 바르게 쓰기

父	母	無	衣	**부모무의**
아비 부	어미 모	없을 무	옷 의	부모님이 입으실 옷이 없으시면
父父父父	母母母母母	無无无無無無無	衣衣衣衣衣衣	

勿	思	我	衣	**물사아의**
말 물	생각할 사	나 아	옷 의	내가 입을 옷을 생각하지 말라.
勿勿勿勿	思思思思思思思	我我我我我我我	衣衣衣衣衣衣	

父	母	無	食
아비 부	어미 모	없을 무	밥 식
父父父父	凵母母母母	無無無無無無無	食食食食食食食

부모무식

부모님이 드실
음식이 없으시
거든

勿	思	我	食
말 물	생각할 사	나 아	밥 식
勿勿勿勿	思思思思思思思	我我我我我我我	食食食食食食食

물사아식

내가 먹을 음
식을 생각하지
말라.

身	體	髮	膚	**신체발부**
				신체와 머리털 과 피부를
몸 신	몸 체	터럭 발	살갗 부	
身身身身身身	體體體體體體體	髮髮髮髮髮髮	膚膚膚膚膚膚	
身 身	體 體	髮 髮	膚 膚	

勿	毀	勿	傷	**물훼물상**
				훼손하지 말고 상하지 말라.
말 물	헐 훼	말 물	상처 상	
勿勿勿勿	毀毀毀毀毀毀毀	勿勿勿勿	傷傷傷傷傷傷	
勿 勿	毀 毀	勿 勿	傷 傷	

衣	服	帶	靴
옷 의	옷 복	띠 대	신 화
衣衣衣衣衣衣	服服服服服服服	帶帶帶帶帶帶帶	靴靴靴靴靴靴靴
衣　衣	服　服	帶　帶	靴　靴

의복대화

의복과 허리띠
와 신발을

勿	失	勿	裂
말 물	잃을 실	말 물	찢을 렬
勿勿勿勿	失失失失失	勿勿勿勿	裂裂裂裂裂裂裂
勿　勿	失　失	勿　勿	裂　裂

물실물렬

잃어버리지 말
고 찢지 말라.

父	母	愛	之	**부모애지**
아비 부	어미 모	사랑 애	갈 지	부모님께서 사랑해 주시거든
父父父父	母母母母母	愛愛愛愛愛愛愛	之之之	
父 父	母 母	愛 愛	之 之	

喜	而	勿	忘	**희이물망**
기쁠 희	말 이을 이	말 물	잊을 망	기뻐하고 잊지 말라.
喜喜喜喜喜喜喜	而而而而而而	勿勿勿勿	忘忘忘忘忘忘忘	
喜 喜	而 而	勿 勿	忘 忘	

父	母	責	之	부모책지
아비 부	어미 모	꾸짖을 책	갈 지	부모님께서 꾸 짖으시거든
父父父父	母母母母母	責責責責責責責	之之之	

反	省	勿	怨	반성물원
되돌릴 반	살필 성	말 물	원망할 원	반성하고 원망 하지 말라.
反反反反	省省省省省省省	勿勿勿勿	怨怨怨怨怨怨怨	

勿	登	高	樹	**물등고수**
말 물	오를 등	높을 고	나무 수	높은 나무에 올라가지 말라.
勿勿勿勿	登登登登登登	高高高高高高高	桐樹樹樹樹樹樹	

父	母	憂	之	**부모우지**
아비 부	어미 모	근심할 우	갈 지	부모님께서 근심하시느니라.
父父父父	母母母母母	憂憂憂憂憂憂憂	之之之	

勿	泳	深	淵
말 물	헤엄칠 영	깊을 심	못 연
勿勺勺勿	泳泳泳泳汀泳泳	深深深深深深深	淵淵淵淵淵淵淵

물영심연

깊은 연못에서
헤엄치지 말라.

父	母	念	之
아비 부	어미 모	생각할 념	갈 지
父父父父	母母母母母	念念念念念念念	之之之

부모념지

부모님께서 염
려하시느니라.

勿	與	人	鬪
말 물	더불 여	사람 인	싸움 투
勿勿勿勿	與與與與與與	人人	鬪鬪鬪鬪鬪鬪鬪

물여인투

남과 더불어 다투지 말라.

父	母	不	安
아비 부	어미 모	아닐 불	편안할 안
父父父父	母母母母母	不不不不	安安安安安安

부모불안

부모님 께서 불안해하시느 니라.

室	堂	有	塵
집 실	집 당	있을 유	티끌 진
室室室室室室室	堂堂堂堂堂堂堂	冇冇冇有有有	塵塵塵塵塵塵塵

常	必	灑	掃
항상 상	반드시 필	뿌릴 쇄	쓸 소
常常常常常常常	必必必必必	灑灑灑灑灑灑灑	掃掃掃掃掃掃

事	必	稟	行
일 사	반드시 필	여쭐 품	갈 행
事亭亭亭事事事	必必必必必	稟稟稟稟稟稟稟	行行行行行行
事 事	必 必	稟 稟	行 行

사필품행

일은 반드시
여쭈어 행하고

無	敢	自	專
없을 무	감히 감	스스로 자	오로지 전
無無無無無無無	敢敢敢敢敢敢敢	自自自自自自	專票專專專專專
無 無	敢 敢	自 自	專 專

무감자전

감히 자기 멋대
로 하지 말라.

一	欺	父	母
한 일	속일 **기**	아비 **부**	어미 **모**
一	欺 欺 欺 其 其 欺 欺	父 父 父 父	母 母 母 母 母
一 一	欺 欺	父 父	母 母

일기부모

한 번이라도 부모님을 속이면

其	罪	如	山
그 기	허물 **죄**	같을 **여**	뫼 산
其 其 其 其 其 其 其	罪 罪 罪 罪 罪 罪 罪	如 如 如 如 如 如	山 山 山
其 其	罪 罪	如 如	山 山

기죄여산

그 죄가 산과 같다.

雪	裏	求	筍
눈 설	속 리	구할 구	죽순 순
雪雪雪雪雪雪雪	裏裏裏裏裏裏裏	求求求求求求求	筍筍筍筍筍筍筍

설리구순

눈 속에서 죽순
을 구한 것은

孟	宗	之	孝
맏 맹	마루 종	갈 지	효도 효
孟孟孟孟孟孟孟	宗宗宗宗宗宗宗	之之之	孝孝孝孝孝孝孝

맹종지효

맹종의 효도
이고

剖	冰	得	鯉	**부빙득리**
쪼갤 **부**	얼음 **빙**	얻을 **득**	잉어 **리**	얼음을 깨고서 잉어를 잡은 것은
剖剖剖剖剖剖剖	冰冰冰冰冰冰	得得得得得得得	鯉鯉鯉鯉鯉鯉鯉	
剖 剖	冰 冰	得 得	鯉 鯉	

王	祥	之	孝	**왕상지효**
임금 **왕**	상서로울 **상**	갈 **지**	효도 **효**	왕상의 효도 이다.
王王王王	祥祥祥祥祥祥祥	之之之	孝孝孝孝孝孝孝	
王 王	祥 祥	之 之	孝 孝	

我	身	能	賢	**아신능현**
나 아	몸 신	능할 능	어질 현	내 몸이 능히 어질면
我我我我我我	身身身身身身	能能能能能能	賢賢賢賢賢賢賢	
我 我	身 身	能 能	賢 賢	

譽	及	父	母	**예급부모**
기릴 예	미칠 급	아비 부	어미 모	명예가 부모님 께 미치느니라.
譽譽譽譽譽譽譽	及及及及	父父父父	母母母母母	
譽 譽	及 及	父 父	母 母	

我	身	不	賢
나 아	몸 신	아닐 불	어질 현
我我我我我我我	身身身身身身身	不不不不	賢賢賢賢賢賢賢
我 我	身 身	不 不	賢 賢

아신불현

내 몸이 어질
지 못하면

辱	及	父	母
욕될 욕	미칠 급	아비 부	어미 모
辱辱辱辱辱辱辱	及及及及	父父父父	母母母母母
辱 辱	及 及	父 父	母 母

욕급부모

욕이 부모님께
미치느니라.

追	遠	報	本
따를 추	멀 원	갚을 보	근본 본
追追追追追追追	遠遠遠遠遠遠遠	報報報報報報報	本木木木本

추원보본

먼 조상을 추
모하고 근본에
보답하여

祭	祀	必	誠
제사 제	제사 사	반드시 필	정성 성
祭祭祭祭祭祭祭	祀祀祀祀祀祀祀	必必必必必	誠誠誠誠誠誠誠

제사필성

제사를 반드시
정성스럽게 지
내라.

非	有	先	祖
아닐 비	있을 유	먼저 선	조상 조
非非非非非非	有有有有有有	先先先先先先	祖祖祖祖祖祖
非 非	有 有	先 先	祖 祖

비유선조

선조가 계시지
않았으면

我	身	曷	生
나 아	몸 신	어찌 갈	날 생
我我我我我我	身身身身身身	曷曷曷曷曷曷曷	生生生生生
我 我	身 身	曷 曷	生 生

아신갈생

내 몸이 어찌
생겨났겠는가!

事	親	如	此
일 사	친할 **친**	같을 **여**	이 **차**
事事亭事事事事	親親親親親親親	如如如如如如	此此此此此此
事 事	親 親	如 如	此 此

사친여차

부모님 섬기기를 이와 같이 한다면

可	謂	孝	矣
옳을 가	이를 **위**	효도 **효**	어조사 **의**
可可可可可	謂謂謂謂謂謂謂	孝孝孝孝孝孝孝	矣矣矣矣矣矣矣
可 可	謂 謂	孝 孝	矣 矣

가위효의

효도한다고 말할 수 있을 것이다.

不	能	如	此
아닐 **불**	능할 **능**	같을 **여**	이 **차**
不不不不	能能能能能能能	如如如如如如	此此此此此此
不 不	能 能	如 如	此 此

불능여차

능히 이와 같이
하지 못하면

禽	獸	無	異
날짐승 **금**	짐승 **수**	없을 **무**	다를 **이**
禽禽禽禽禽禽禽	獸獸獸獸獸獸獸	無無無無無無無	異異異異異異異
禽 禽	獸 獸	無 無	異 異

금수무이

금수와 다름이
없느니라.

學	優	則	仕	**학우즉사**
				학문이 넉넉하
				면 벼슬을 해서
배울 **학**	넉넉할 **우**	곧 **즉**	벼슬할 **사**	
學學學學學學學	優優優優優優優	메 ㅔ 目 貝 貝 則 則	仕仕仕仕仕	
學 學	優 優	則 則	仕 仕	

爲	國	盡	忠	**위국진충**
				나라를 위해 충
				성을 다하라.
할 **위**	나라 **국**	다할 **진**	충성 **충**	
爲爲爲爲爲爲爲	國國國國國國國	盡盡盡盡盡盡盡	忠忠忠忠忠忠忠	
爲 爲	國 國	盡 盡	忠 忠	

敬	信	節	用
공경할 경	믿을 신	마디 절	쓸 용
敬敬敬茍茍敬敬	信伩伩信信信信	節節節節節節節	月月月月用
敬 敬	信 信	節 節	用 用

경신절용

공경하고 믿으
며 아껴 쓰고

愛	民	如	子
사랑 애	백성 민	같을 여	아들 자
愛愛愛愛愛愛愛	民民民民民	ㄴ如如如如如	子了子
愛 愛	民 民	如 如	子 子

애민여자

백성을 자식과
같이 사랑하라.

人	倫	之	中	**인륜지중**
사람 인	인륜 륜	갈 지	가운데 중	인륜 가운데
人人	倫倫倫倫倫倫倫	之之之	中中中中	

忠	孝	爲	本	**충효위본**
충성 충	효도 효	할 위	근본 본	충과 효가 근본이 되니
忠忠忠忠忠忠忠	孝孝孝孝孝孝孝	爲爲爲爲爲爲爲	本本本本本	

孝	當	竭	力
효도 효	마땅 당	다할 갈	힘 력
孝孝孝孝孝孝孝	當當當當當當當	竭竭竭竭竭竭竭	力力
孝 孝	當 當	竭 竭	力 力

효당갈력

효도는 마땅히 힘을 다해야 하고

忠	則	盡	命
충성 충	곧 즉	다할 진	목숨 명
忠忠忠忠忠忠忠	則則則則則則則	盡盡盡盡盡盡盡	命命命命命命命
忠 忠	則 則	盡 盡	命 命

충즉진명

충성은 목숨을 다해야 한다.

夫	婦	之	倫	**부부지륜**
				부부의 인륜은
지아비 부	지어미 부	갈 지	인륜 륜	
夫夫夫夫	婦婦婦婦婦婦婦	之之之	倫倫倫倫倫倫倫	
夫 夫	婦 婦	之 之	倫 倫	

二	姓	之	合	**이성지합**
				두 성씨가 합
				한 것이니
두 이	성 성	갈 지	합할 합	
二二	姓姓姓姓姓姓	之之之	合合合合合合	
二 二	姓 姓	之 之	合 合	

内	外	有	別
안 내	바깥 외	있을 유	다를 별
内门内内	外夕外外外	有冇冇有有有	別別別別別別別

내외유별

남편과 아내는 분별이 있어서

相	敬	如	賓
서로 상	공경할 경	같을 여	손 빈
相相相相相相相	敬敬敬芍敬敬敬	女女女如如如	賓賓賓穷宥賓賓

상경여빈

서로 공경하기를 손님처럼 하라.

夫	道	和	義	**부도화의**
지아비 부	길 도	화할 화	옳을 의	남편의 도리는 온화하고 의로운 것이요
夫夫夫夫	道道道道道道道	和和和和和和和	義義義義義義義	
夫　夫	道　道	和　和	義　義	

婦	德	柔	順	**부덕유순**
지어미 부	큰 덕	부드러울 유	순할 순	부인의 덕은 유순한 것이니라.
婦婦婦婦婦婦婦	德德德德德德德	柔柔柔柔柔柔柔	順順順順順順順	
婦　婦	德　德	柔　柔	順　順	

夫	唱	婦	隨
지아비 부	노래 창	지어미 부	따를 수
夫夫夫夫	唱唱唱唱唱唱唱	婦婦婦婦婦婦婦	隨隨隨隨隨隨隨
夫 夫	唱 唱	婦 婦	隨 隨

부창부수

남편이 선창하고 부인이 이에 따르면

家	道	成	矣
집 가	길 도	이룰 성	어조사 의
家家家家家家家	道道道道道道道	成成成成成成成	矣矣矣矣矣矣矣
家 家	道 道	成 成	矣 矣

가도성의

집안의 도가 이루어질 것이다.

兄	弟	姉	妹
맏 형	아우 제	손윗누이 자	손아래누이 매
兄兄兄兄兄	弟弟弟弟弟弟弟	姉姉姉姉姉姉	妹妹妹妹妹妹妹
兄　兄	弟　弟	姉　姉	妹　妹

형제자매

형제와 자매는

同	氣	而	生
한가지 동	기운 기	말 이을 이	날 생
同同同同同同	氣氣氣氣氣氣氣	而而而而而而	生生生生生
同　同	氣　氣	而　而	生　生

동기이생

동일한 부모의
기운을 받고
태어났으므로

兄	友	弟	恭
맏 **형**	벗 **우**	아우 **제**	공손할 **공**
兄兄兄兄兄	友友友友	弟弟弟弟弟弟弟	恭恭恭共共恭恭恭
兄　兄	友　友	弟　弟	恭　恭

형우제공

형은 우애하고
아우는 공손
하여

不	敢	怨	怒
아닐 **불**	감히 **감**	원망할 **원**	성낼 **노**
不不不不	敢敢敢敢敢敢敢	怨怨怨怨怨怨怨	怒怒怒怒怒怒怒
不　不	敢　敢	怨　怨	怒　怒

불감원노

감히 원망하거
나 성내지 말
아야 한다.

骨	肉	雖	分
뼈 골	고기 육	비록 수	나눌 분
骨骨骨骨骨骨骨	肉肉内内肉肉	雖雖雖雖雖雖雖	分分分分

뼈와 살은 비
록 나누어져
있으나

本	生	一	氣
근본 본	날 생	한 일	기운 기
本本本本本	生生生生生	一	氣氣氣氣氣氣氣

본생일기

본래 한 기운
을 받고 태어
났으며

形	體	雖	異
모양 형	몸 체	비록 수	다를 이
形形形形形形形	體體體體體體體	雖雖雖雖雖雖雖	異異異異異異異
形 形	體 體	雖 雖	異 異

형체수이

형체는 비록
다르지만

素	受	一	血
흴 소	받을 수	한 일	피 혈
素素素素素素素	受受受受受受受	一	血血血血血血
素 素	受 受	一 一	血 血

소수일혈

본래 한 핏줄
을 받고 태어
났느니라.

比	之	於	木
견줄 비	갈 지	어조사 어	나무 목
比比比比	之之之	於於於於於於於	木木木木
比　比	之　之	於　於	木　木

비지어목

이를 나무에
비유하면

同	根	異	枝
한가지 동	뿌리 근	다를 이	가지 지
同同同同同同	根根根根根根根	異異異異異異異	枝枝枝枝枝枝枝
同　同	根　根	異　異	枝　枝

동근이지

뿌리는 같고
가지가 다른
것이요

比	之	於	水
견줄 비	갈 지	어조사 어	물 수
比比比比	之之之	於於於於於於	水水水水
比 比	之 之	於 於	水 水

비지어수

물에 비유하면

同	源	異	流
한가지 동	근원 원	다를 이	흐를 류
同同同同同同	源源源源源源源	異異異異異異異	流流流流流流流
同 同	源 源	異 異	流 流

동원이류

근원은 같고
물줄기가 다른
것과 같다.

兄	弟	怡	怡	**형제이이**
맏 형	아우 제	기쁠 이	기쁠 이	형제는 서로 화합하여
兄兄兄兄兄	弟弟弟弟弔弟弟	怡怡怡怡怡怡怡	怡怡怡怡怡怡怡	
兄　兄	弟　弟	怡　怡	怡　怡	

行	則	雁	行	**행즉안행**
갈 행	곧 즉	기러기 안	갈 행	길을 갈 때에 는 기러기 행 렬처럼 어깨 를 나란히 하 여 가고
行行行行行行	冂冃目貝貝則則	雁雁雁雁雁雁雁	行行行行行行	
行　行	則　則	雁　雁	行　行	

寢	則	連	衾
잠잘 **침**	곧 **즉**	잇닿을 **련**	이불 **금**
寢寢寢寢寢寢	冂月目貝貝則則	連連迺迺迺連	衾衾衾衾衾衾衾

침즉연금

잠잘 때에는 이불을 나란히 덮고

食	則	同	牀
밥 **식**	곧 **즉**	한가지 **동**	평상 **상**
食食食食食食食	冂月目貝貝則則	冂月同同同同	牀牀牀牀牀牀牀

식즉동상

밥 먹을 때에는 한 밥상에서 같이 먹어라.

分	母	求	多
나눌 분	말 무	구할 구	많을 다
分分分分	母母母母	求求求求求求求	多多多多多多
分 分	母 母	求 求	多 多

분무구다

나눌 때에 많이 가지려고 하지 말며

有	無	相	通
있을 유	없을 무	서로 상	통할 통
有有有有有有	無無無無無無無	相相相相相相相	通通通通通通通
有 有	無 無	相 相	通 通

유무상통

있든 없든 서로 마음이 통해야 한다.

私	其	衣	食
사사 사	그 기	옷 의	밥 식
私私私私私私私	其其其其其其其	衣衣衣衣衣衣	食食食食食食食

사기의식

의복과 음식을
사사로이 하면

夷	狄	之	徒
오랑캐 이	오랑캐 적	갈 지	무리 도
夷夷夷夷夷夷	狄狄狄狄狄狄狄	之之之	徒徒徒徒徒徒徒

이적지도

오랑캐 무리와
다를 바 없다.

兄	無	衣	服
맏 형	없을 무	옷 의	옷 복
兄兄兄兄兄	無無無無無無無	衣衣衣衣衣衣	服服服服服服服
兄 兄	無 無	衣 衣	服 服

형무의복

형이 의복이
없거든

弟	必	獻	之
아우 제	반드시 필	바칠 헌	갈 지
弟弟弟弟弟弟弟	必必必必必	獻獻獻獻獻獻獻	之之之
弟 弟	必 必	獻 獻	之 之

제필헌지

아우가 반드시
드리고

弟	無	飮	食	 제무음식 아우가 음식이 없거든
아우 제	없을 무	마실 음	밥 식	
弟弟弟弟弟弟弟	無ㄷㄷ無無無無	飮飮飮飮飮飮飮	食食食食食食食	
弟弟	無無	飮飮	食食	

兄	必	與	之	 형필여지 형이 반드시 주어라.
맏 형	반드시 필	줄 여	갈 지	
兄兄兄兄兄	必必必必必	與與與與與與與	之之之	
兄兄	必必	與與	之之	

一	杯	之	水	일배지수
한 일	잔 배	갈 지	물 수	한 잔의 물이 라도
一	杯杯杯杯杯杯杯	之之之	水水水水	
一 一	杯 杯	之 之	水 水	

必	分	而	飮	필분이음
반드시 필	나눌 분	말 이을 이	마실 음	반드시 나누어 마시고
必必必必必	分分分分	而而而而而而	飮飮飮飮飮飮飮	
必 必	分 分	而 而	飮 飮	

一	粒	之	食
한 일	알 립	갈 지	밥 식
一	粒粒粒粒粒粒粒	之之之	食食食食食食食

일립지식

한 알의 음식
이라도

必	分	而	食
반드시 필	나눌 분	말 이을 이	밥 식
必必必必必	分分分分	而而而而而而	食食食食食食食

필분이식

반드시 나누어
먹어라.

兄	雖	責	我	**형수책아**
맏 형	비록 수	꾸짖을 책	나 아	형이 비록 나를 꾸짖고 나무라더라도
兄兄兄兄兄	雖雖雖雖雖雖雖	責責責責責責責	我我我我我我我	
兄	兄	雖	雖	責	責	我	我	

莫	敢	抗	怒	**막감항노**
없을 막	감히 감	막을 항	성낼 노	감히 대들거나 성내지 말고
莫莫莫莫莫莫莫	敢敢敢敢敢敢敢	抗抗抗抗抗抗抗	怒怒怒怒怒怒怒	
莫	莫	敢	敢	抗	抗	怒	怒	

弟	雖	有	過
아우 제	비록 수	있을 유	지날 과
弟弟弟弟弔弟弟	雖呂雖虽難雖雖	ノナ冇有有有	過過昌禹咼過過

제수유과

아우가 비록 잘못이 있더라도

須	勿	聲	責
모름지기 수	말 물	소리 성	꾸짖을 책
須須須須湏須須	勿勹勿勿	聲聲摩聲殸聲聲	責責責責青青責

수물성책

모름지기 큰 소리로 꾸짖지 말라.

兄	弟	有	善
맏 형	아우 제	있을 유	착할 선
兄兄兄兄兄	弟弟弟弟弟弟弟	有有有有有有	善善善善善善善

형제유선

형제간에 잘한
일이 있으면

必	譽	于	外
반드시 필	기릴 예	어조사 우	바깥 외
必必必必必	譽譽譽譽譽譽譽	于于于	外外外外外

필예우외

반드시 바깥으
로 드러내어
칭찬하고

兄	弟	有	失	형제유실
맏 형	아우 제	있을 유	잃을 실	형제간에 잘못 이 있으면
兄兄兄兄兄	弟弟弟弟弟弟弟	有有有有有有	失失失失失	
兄 兄	弟 弟	有 有	失 失	

隱	而	勿	揚	은이물양
숨길 은	말 이을 이	말 물	오를 양	숨겨주고 드러 내지 말라.
隱隱隱隱隱隱隱	而而而而而而	勿勿勿勿	揚揚揚揚揚揚揚	
隱 隱	而 而	勿 勿	揚 揚	

兄	弟	有	難	형제유난
맏 형	아우 제	있을 유	어려울 난	형제간에 어려운 일이 있으면
兄兄兄兄兄	弟弟弟弟弟弟弟	有有有有有有	難難難難難難難	
兄 兄	弟 弟	有 有	難 難	

悶	而	思	救	민이사구
번민할 민	말 이을 이	생각할 사	구원할 구	근심하고 구원해 줄 것을 생각하라.
悶悶悶悶悶悶悶	而而而而而而	思思思思思思思	救救救救救救救	
悶 悶	而 而	思 思	救 救	

兄	能	如	此
맏 형	능할 능	같을 여	이 차
兄兄兄兄兄	能能能能能能	如如如如如如	此此此此此此
兄 兄	能 能	如 如	此 此

형능여차

형이 능히 이
와 같이 하면

弟	亦	效	之
아우 제	또 역	본받을 효	갈 지
弟弟弟弟弟弟弟	亦亦亣亣亦亦	效效效效效效效	之之之
弟 弟	亦 亦	效 效	之 之

제역효지

아우도 또한
본받으리라.

我	有	歡	樂
나 아	있을 유	기뻐할 **환**	즐거울 **락**
我我我我我我	冇有冇有有有	歡歡歡歡歡歡歡	樂樂樂樂樂樂樂
我	我	有	有	歡	歡	樂	樂

아유환락

나에게 기쁨과 즐거움이 있으면

兄	弟	亦	樂
맏 형	아우 제	또 역	즐거울 **락**
兄兄兄兄兄	弟弟弟弟弟弟弟	亦亦亦亦亦亦亦	樂樂樂樂樂樂樂
兄	兄	弟	弟	亦	亦	樂	樂

형제역락

형제들 또한 즐거워하고

我	有	憂	患
나 아	있을 유	근심할 우	근심 환

아유우환

나에게 근심과
걱정이 있으면

兄	弟	亦	憂
맏 형	아우 제	또 역	근심할 우

형제역우

형제들 또한
근심하느니라.

雖	有	他	親
비록 수	있을 유	다를 타	친할 친
雖雖雖雖雖雖雖	有有有有有有	他他他他他	親親親親親親親
雖 雖	有 有	他 他	親 親

수유타친

비록 다른 친
척이 있으나

豈	若	兄	弟
어찌 기	같을 약	맏 형	아우 제
豈豈豈豈豈豈豈	若若若若若若若	兄兄兄兄兄	弟弟弟弟弟弟弟
豈 豈	若 若	兄 兄	弟 弟

기약형제

어찌 형제간만
하겠는가.

兄	弟	和	睦
맏 **형**	아우 **제**	화할 **화**	화목할 **목**
兄兄兄兄兄	弟弟弟弟弔弟弟	和千和和和和和	睦睦睦睦睦睦睦

형제화목

형제간이 화목
하면

父	母	喜	之
아비 **부**	어미 **모**	기쁠 **희**	갈 **지**
父父父父	母母母母母	喜喜喜喜喜喜喜	之之之

부모희지

부모님께서 기
뻐하시느니라.

事	師	如	親
일 사	스승 사	같을 여	친할 친
事事亭亭亭事事	師師師師師師師	如如如如如如	親親親親親親親
事 事	師 師	如 如	親 親

사사여친

스승 섬기기를
어버이처럼
하여

必	恭	必	敬
반드시 필	공손할 공	반드시 필	공경할 경
必必必必必	恭恭恭共恭恭恭	必必必必必	敬敬敬敬敬敬敬
必 必	恭 恭	必 必	敬 敬

필공필경

반드시 공손히
받들고 공경해
야 한다.

先	生	施	敎
먼저 선	날 생	베풀 시	가르칠 교
先先先先先先	生生生生生	施施施施施施施	敎敎敎敎敎敎敎

선생시교

선생님께서 가
르침을 베풀어
주시거든

弟	子	是	則
아우 제	아들 자	옳을 시	본받을 칙
弟弟弟弟弟弟弟	子了子	是是是是是是是	則則則則則則則

제자시칙

제자들은 이것
을 본받아라.

101

夙	興	夜	寐	**숙흥야매**
일찍 숙	일 흥	밤 야	잠잘 매	아침 일찍 일 어나고 밤늦게 자서
夙夙夙夙夙夙	興興興興興興興	夜夜夜夜夜夜夜	寐寐寐寐寐寐寐	
夙 夙	興 興	夜 夜	寐 寐	

勿	懶	讀	書	**물라독서**
말 물	게으를 라	읽을 독	글 서	책 읽기를 게을 리하지 말라.
勿勿勿勿	懶懶懶懶懶懶懶	讀讀讀讀讀讀讀	書書書書書書書	
勿 勿	懶 懶	讀 讀	書 書	

勤	勉	工	夫	**근면공부**
부지런할 **근**	힘쓸 **면**	장인 **공**	지아비 **부**	부지런히 힘써서 공부하면
勤勤勤勤勤勤勤	勉勉勉勉勉勉勉	工工工	夫夫夫夫	

父	母	悅	之	**부모열지**
아비 **부**	어미 **모**	기쁠 **열**	갈 **지**	부모님께서 기뻐하시느니라.
父父父父	母母母母母	悅悅悅悅悅悅悅	之之之	

始	習	文	字
처음 시	익힐 습	글월 문	글자 자
始始始始始始	習習習習習習習	文文文文	字字字字字字

시습문자

처음으로 문
자를 익힐 때
에는

字	畫	楷	正
글자 자	그을 획	본보기 해	바를 정
字字字字字字	畫畫畫畫畫畫畫	楷楷楷楷楷楷	正正正正正

자획해정

글자의 획을
바르게 써라.

書	冊	狼	藉
글 서	책 책	어지러울 랑	깔 자
書書書書書書書	冊冂冂冊冊	狼狼狼狼狼狼狼	藉藉藉藉藉藉藉
書 書	冊 冊	狼 狼	藉 藉

서책낭자

책이 어지럽게
널려 있으면

每	必	整	頓
매양 매	반드시 필	가지런할 정	조아릴 돈
每每每每每每每	必必必必必	整整整整整整整	頓頓頓頓頓頓頓
每 每	必 必	整 整	頓 頓

매필정돈

매번 반드시
가지런히 정돈
하라.

能	孝	能	悌
능할 **능**	효도 **효**	능할 **능**	공경할 **제**
能能能能能能能	孝孝孝孝孝孝孝	能能能能能能	悌悌悌悌悌悌悌
能 能	孝 孝	能 能	悌 悌

능효능제

부모님께 효도
하고 웃어른을
공경할 수 있
는 것은

莫	非	師	恩
없을 **막**	아닐 **비**	스승 **사**	은혜 **은**
莫莫莫莫莫莫莫	非非非非非非非	師師師師師師師	恩恩恩恩恩恩恩
莫 莫	非 非	師 師	恩 恩

막비사은

스승의 은혜
아닌 것이 없
느니라.

能	知	能	行
능할 능	알 지	능할 능	행할 행
能能能能能能能	知知知知知知知	能能能能能能能	行行行行行行
能 能	知 知	能 能	行 行

능지능행

능히 깨달아 알 수 있고 행할 수 있는 것은

總	是	師	功
거느릴 총	옳을 시	스승 사	공 공
總總總總總總總	是是是是是是是	師師師師師師師	功功功功功
總 總	是 是	師 師	功 功

총시사공

모두 스승의 공이니라.

長	者	慈	幼
길 장	놈 자	사랑할 자	어릴 유
長長長長長長長	者者者者者者	慈慈慈慈慈慈慈	幼幼幼幼幼
長 長	者 者	慈 慈	幼 幼

장자자유

어른은 어린이
를 사랑하고

幼	者	敬	長
어릴 유	놈 자	공경할 경	길 장
幼幼幼幼幼	者者者者者者	敬敬敬敬敬敬敬	長長長長長長長
幼 幼	者 者	敬 敬	長 長

유자경장

어린이는 어른
을 공경하라.

長	者	之	前	**장자지전**
길 장	놈 자	갈 지	앞 전	어른 앞에서는
長長長長長長	者耂耂耂者者	之之之	前前前前前前前	

進	退	必	恭	**진퇴필공**
나아갈 진	물러날 퇴	반드시 필	공손할 공	나아가고 물러날 때 반드시 공손히 하라.
進進進進進進進	退退退退退退退	必必必必必	恭恭恭恭恭恭恭	

年	長	以	倍	**연장이배**
해 년	길 장	써 이	곱 배	나이가 나보다 곱절이 많으면
年年年年年年	長長長長長長長	以以以以以	倍倍倍倍倍倍倍	

父	以	事	之	**부이사지**
아비 부	써 이	일 사	갈 지	아버지처럼 섬기고
父父父父	以以以以以	事事事事事事事	之之之	

十	年	以	長
열 십	해 년	써 이	길 장
十 十	年午午年午年	以以以以以	長長長長長長

십년이장

열 살 정도 더 많으면

兄	以	事	之
맏 형	써 이	일 사	갈 지
兄兄兄兄兄	以以以以以	事事事事事事	之之之

형이사지

형으로 섬겨라.

我	敬	人	親	**아경인친**
나 **아**	공경할 **경**	사람 **인**	친할 **친**	내가 다른 사람의 어버이를 공경하면
我我我我我我	敬敬敬敬敬敬敬	人人	親親親親親親親	

人	敬	我	親	**인경아친**
사람 **인**	공경할 **경**	나 **아**	친할 **친**	다른 사람도 내 어버이를 공경하고
人人	敬敬敬敬敬敬敬	我我我我我我	親親親親親親	

我	敬	人	兄
나 아	공경할 경	사람 인	맏 형
我我我我我我我	敬敬敬敬敬敬	人人	兄兄兄兄兄

아경인형

내가 다른 사람의 형을 공경하면

人	敬	我	兄
사람 인	공경할 경	나 아	맏 형
人人	敬敬敬敬敬敬	我我我我我我我	兄兄兄兄兄

인경아형

다른 사람도 내 형을 공경하느니라.

賓	客	來	訪
손 빈	손 객	올 래	찾을 방
賓賓賓賓賓賓賓	客客客客客客客	來來來來來來來	訪訪訪訪訪訪訪
賓 賓	客 客	來 來	訪 訪

빈객래방

손님이 찾아오
거든

接	待	必	誠
이을 접	기다릴 대	반드시 필	정성 성
接接接接接接接	待待待待待待待	必必必必必	誠誠誠誠誠誠誠
接 接	待 待	必 必	誠 誠

접대필성

접대하기를 반
드시 정성스럽
게 하라.

賓	客	不	來
손 빈	손 객	아닐 불	올 래
賓賓賓賓賓賓賓	客客客客客客客	不不不不	來來來來來來來
賓 賓	客 客	不 不	來 來

빈객불래

손님이 오지
않으면

門	戶	寂	寞
문 문	집 호	고요할 적	쓸쓸할 막
門門門門門門門	戶戶戶戶	寂寂寂寂寂寂寂	寞寞寞寞寞寞寞
門 門	戶 戶	寂 寂	寞 寞

문호적막

집안이 적막해
지느니라.

人	之	在	世	**인지재세**
사람 인	갈 지	있을 재	인간 세	사람이 세상을 살아가면서
人人	之之之	在在在在在	世世世世世	
人 人	之 之	在 在	世 世	

不	可	無	友	**불가무우**
아닐 불	옳을 가	없을 무	벗 우	친구가 없을 수 없으니
不不不不	可可可可可	無無無無無無無	友友友友	
不 不	可 可	無 無	友 友	

以	文	會	友
써 이	글월 문	모일 회	벗 우
以以以以以	文文文文	合合合侖侖會會	友大方友
以 以	文 文	會 會	友 友

이문회우

글로써 벗을
모으고

以	友	輔	仁
써 이	벗 우	도울 보	어질 인
以以以以以	友大方友	輔輔輔輔輔輔輔	仁仁仁仁
以 以	友 友	輔 輔	仁 仁

이우보인

벗으로써 인의
행실을 도와라.

友	其	正	人
벗 우	그 기	바를 정	사람 인
友友友友	其其其其其其其	正正正正正	人人
友 友	其 其	正 正	人 人

우기정인

바른 사람을
벗하면

我	亦	自	正
나 아	또 역	스스로 자	바를 정
我我我我我我我	亦亦亦亦亦亦	自自自自自自	正正正正正
我 我	亦 亦	自 自	正 正

아역자정

나 또한 저절로
바르게 되고

從	遊	邪	人	**종유사인**
좇을 종	놀 유	간사할 사	사람 인	간사한 사람을 따라서 놀면
從從從從從從從	遊遊遊遊遊遊遊	邪邪邪邪邪邪	人人	
從 從	遊 遊	邪 邪	人 人	

我	亦	自	邪	**아역자사**
나 아	또 역	스스로 자	간사할 사	나 또한 저절로 간사해진다.
我我我我我我我	亦亦亦亦亦亦	自自自自自自	邪邪邪邪邪邪	
我 我	亦 亦	自 自	邪 邪	

蓬	生	麻	中	**봉생마중**
쑥 봉	날 생	삼 마	가운데 중	쑥이 삼 가운 데서 자라면
蓬蓬蓬蓬蓬蓬蓬	生生生生生	麻麻麻麻麻麻麻	中中中中	
蓬 蓬	生 生	麻 麻	中 中	

不	扶	自	直	**불부자직**
아닐 불	도울 부	스스로 자	곧을 직	붙들어주지 않 아도 저절로 곧아지고
不不不不	扶扶扶扶扶扶扶	自自自自自自	直直直直直直直	
不 不	扶 扶	自 自	直 直	

白	沙	在	泥
흰 백	모래 사	있을 재	진흙 니
白白白白白	沙沙沙沙沙沙沙	在在在在在在	泥泥泥泥泥泥泥

백사재니

흰 모래가 진
흙에 있으면

不	染	自	汚
아닐 불	물들일 염	스스로 자	더러울 오
不不不不	染染染染染染染	自自白自自自	汚汚汚汚汚汚

불염자오

물들이지 않아
도 저절로 더
러워지느니라.

近	墨	者	黑	근묵자흑
가까울 근	먹 묵	놈 자	검을 흑	먹을 가까이 하는 사람은 검어지고
近近近近近近近	墨墨墨墨黑墨墨	者者者者者者者	黑黑黑黑黑黑黑	
近 近	墨 墨	者 者	黑 黑	

近	朱	者	赤	근주자적
가까울 근	붉을 주	놈 자	붉을 적	주사朱砂를 가까이하는 사람은 붉게 되니
近近近近近近近	朱朱朱牛朱朱	者者者者者者者	赤赤赤赤赤赤赤	
近 近	朱 朱	者 者	赤 赤	

居	必	擇	鄰
살 **거**	반드시 **필**	가릴 **택**	이웃 **린**
居居居居居居居	必必必必必	擇擇擇擇擇擇擇	鄰鄰鄰鄰鄰鄰鄰
居　居	必　必	擇　擇	鄰　鄰

거필택린

거처를 정할 때엔 반드시 이웃을 가리고

就	必	有	德
이룰 **취**	반드시 **필**	있을 **유**	큰 **덕**
就就就就就就就	必必必必必	有有有有有有	德德德德德德德
就　就	必　必	有　有	德　德

취필유덕

나아갈 때엔 반드시 덕 있는 사람을 따르라.

擇	而	交	之
가릴 **택**	말 이을 **이**	사귈 **교**	갈 **지**
擇擇擇擇擇擇	而而而而而而	交交交交交交	之之之
擇 擇	而 而	交 交	之 之

택이교지

사람을 가려서
사귀면

有	所	補	益
있을 **유**	바 **소**	도울 **보**	더할 **익**
有有有有有有	所所所所所所所	補補補補補補補	益益益益益益益
有 有	所 所	補 補	益 益

유소보익

도움과 유익
함이 있을 것
이며

不	擇	而	交
아닐 **불**	가릴 **택**	말 이을 **이**	사귈 **교**
不不不不	擇擇擇擇擇擇	而而而而而而	交交交交交交

불택이교

가리지 않고
사귀면

反	有	害	矣
되돌릴 **반**	있을 **유**	해할 **해**	어조사 **의**
反反反反	有有有有有有	害害害害害害害	矣矣矣矣矣矣矣

반유해의

도리어 해가
있느니라.

朋	友	有	過	붕우유과
				친구에게 잘못 이 있거든
벗 붕	벗 우	있을 유	지날 과	
朋 朋 朋 朋 朋 朋 朋	友 友 友 友	有 有 有 有 有 有	過 過 過 過 過 過 過	
朋 朋	友 友	有 有	過 過	

忠	告	善	導	충고선도
				충고하여 착하 게 인도하라.
충성 충	알릴 고	착할 선	이끌 도	
忠 忠 忠 忠 忠 忠 忠	告 告 告 告 告 告 告	善 善 善 善 善 善 善	導 導 導 導 道 道 導	
忠 忠	告 告	善 善	導 導	

人	無	責	友
사람 인	없을 무	꾸짖을 책	벗 우
人 人	無 無 無 無 無 無 無	責 責 責 責 責 責	友 大 友 友
人 人	無 無	責 責	友 友

인무책우

사람은 잘못을 꾸짖어주는 친구가 없으면

易	陷	不	義
쉬울 이	빠질 함	아닐 불	옳을 의
易 易 易 易 易 易 易	陷 陷 陷 陷 陷 陷 陷	不 不 不 不	義 義 義 義 義 義 義
易 易	陷 陷	不 不	義 義

이함불의

옳지 못한 곳에 빠지기 쉬우니라.

面	讚	我	善
낮 면	기릴 찬	나 아	착할 선
面面面面面面面	讚讚讚讚讚讚讚	我我我我我我我	善善善善善善善

면찬아선

얼굴을 맞대고
나의 착한 점
을 칭찬하면

諂	諛	之	人
아첨할 첨	아첨할 유	갈 지	사람 인
諂諂諂諂諂諂諂	諛諛諛諛諛諛諛	之之之	人人

첨유지인

아첨하는 사람
이고

面	責	我	過
낯 면	꾸짖을 책	나 아	지날 과
面丙而而而面面	責責責責責責責	我我我我我我我	過過過過過過過
面 面	責 責	我 我	過 過

면책아과

내 앞에서 나의 잘못을 꾸짖으면

剛	直	之	人
굳셀 강	곧을 직	갈 지	사람 인
剛刂刂刂刂剛剛	直直直直直直直	之之之	人人
剛 剛	直 直	之 之	人 人

강직지인

굳세고 정직한 사람이다.

言	而	不	信	**언이불신**
말씀 언	말 이을 이	아닐 불	믿을 신	말을 할 때 미덥지 못하면
言言言言言言言	而而而而而而	不不不不	信信信信信信信	
言 言	而 而	不 不	信 信	

非	直	之	友	**비직지우**
아닐 비	곧을 직	갈 지	벗 우	정직한 친구가 아니다.
非非非非非非非	直直直直直直直	之之之	友友友友	
非 非	直 直	之 之	友 友	

見	善	從	之
볼 견	착할 선	좇을 종	갈 지
見 门 月 月 目 見 見	善 善 善 善 善 善 善	從 從 從 從 從 從	之 之 之

견선종지

착한 것을 보면 그것을 따르고

知	過	必	改
알 지	지날 과	반드시 필	고칠 개
知 知 知 知 知 知	過 過 過 過 過 過	必 必 必 必 必	改 改 改 改 改 改

지과필개

잘못을 알면 반드시 고쳐라.

悅	人	讚	者
기쁠 열	사람 인	기릴 찬	놈 자
悅悅悅悅悅悅悅	人人	讚讚讚讚讚讚讚	者者者者者者者

열인찬자

남의 칭찬을 좋아하는 사람은

百	事	皆	僞
일백 백	일 사	다 개	거짓 위
百百百百百百	事事事事事事事	皆皆皆皆皆皆皆	僞僞僞僞僞僞

백사개위

온갖 일이 모두 거짓이고

厭	人	責	者	**염인책자**
싫을 염	사람 인	꾸짖을 책	놈 자	남의 꾸짖음을
厭厭厭厭厭厭厭	人人	責責責責責責責	者者者者者者者	싫어하는 사 람은

其	行	無	進	**기행무진**
그 기	갈 행	없을 무	나아갈 진	그 행동거지에
其其其其其其其	行行行行行行	無無無無無無無	進進進進進進進	발전이 없다.

133

元	亨	利	貞	**원형이정**
으뜸 **원**	형통할 **형**	이로울 **리**	곧을 **정**	주역에서 말하는 천도의 네 가지 원리인 원(봄, 인)·형(여름, 예)·이(가을, 의)·정(겨울, 지)은
元 元 元 元	亨 亨 亨 亨 亨 亨 亨	利 利 利 利 利 利 利	貞 貞 貞 貞 貞 貞 貞	
元 元	亨 亨	利 利	貞 貞	

天	道	之	常	**천도지상**
하늘 **천**	길 **도**	갈 **지**	항상 **상**	천도의 떳떳함이고
天 天 天 天	道 道 道 道 道 道 道	之 之 之	常 常 常 常 常 常 常	
天 天	道 道	之 之	常 常	

仁	義	禮	智
어질 인	옳을 의	예도 례	슬기 지
仁仁仁仁	義義義義義義義	禮禮禮禮禮禮禮	智智智智智智智
仁 仁	義 義	禮 禮	智 智

인의예지

사람의 본성에
서 우러나는
마음씨인 인·
의·예·지는

人	性	之	綱
사람 인	성품 성	갈 지	벼리 강
人人	性性性性性性性	之之之	綱綱綱綱綱綱綱
人 人	性 性	之 之	綱 綱

인성지강

인성의 벼리
이다.

父	子	有	親	**부자유친**
아비 부	아들 자	있을 유	친할 친	부모와 자식 사이에는 친함이 있고
父父父父	子子子	有有有有有有	親親親親親親親	
父 父	子 子	有 有	親 親	

君	臣	有	義	**군신유의**
임금 군	신하 신	있을 유	옳을 의	임금과 신하 사이에는 의리가 있으며
君君君君君君君	臣臣臣臣臣臣	有有有有有有	義義義義義義義	
君 君	臣 臣	有 有	義 義	

夫	婦	有	別	**부부유별**
지아비 **부**	지어미 **부**	있을 **유**	다를 **별**	남편과 아내 사이에는 구별이 있고
夫夫夫夫	婦婦婦婦婦婦婦	有有有有有有	別別別別別別別	

長	幼	有	序	**장유유서**
길 **장**	어릴 **유**	있을 **유**	차례 **서**	어른과 어린아이 사이에는 차례가 있으며
長長長長長長長	幼幼幼幼幼	有有有有有有	序序序序序序序	

朋	友	有	信	**붕우유신**
벗 붕	벗 우	있을 유	믿을 신	벗과 벗 사이에는 신의가 있어야 하니
朋朋朋朋朋朋朋	友友友友	有有有有有有	信信信信信信信	
朋 朋	友 友	有 有	信 信	

是	謂	五	倫	**시위오륜**
옳을 시	이를 위	다섯 오	인륜 륜	이것을 일러 오륜이라고 한다.
是是是是是是是	謂謂謂謂謂謂謂	五五五五	倫倫倫倫倫倫倫	
是 是	謂 謂	五 五	倫 倫	

君	爲	臣	綱
임금 군	할 위	신하 신	벼리 강
君君君君君君君	爲爲爲爲爲爲爲	臣臣臣臣臣臣	綱綱綱綱綱綱綱
君 君	爲 爲	臣 臣	綱 綱

군위신강

임금은 신하의
벼리가 되고

父	爲	子	綱
아비 부	할 위	아들 자	벼리 강
父父父父	爲爲爲爲爲爲爲	子子子	綱綱綱綱綱綱綱
父 父	爲 爲	子 子	綱 綱

부위자강

부모는 자식의
벼리가 되며

夫	爲	婦	綱
지아비 부	할 위	지어미 부	벼리 강
夫夫夫夫	爲爲爲爲爲爲	婦婦婦婦婦婦婦	綱綱綱綱綱綱綱
夫 夫	爲 爲	婦 婦	綱 綱

부위부강

남편은 아내의 벼리가 되니

是	爲	三	綱
옳을 시	할 위	석 삼	벼리 강
是是是是是是是	爲爲爲爲爲爲	三三三	綱綱綱綱綱綱綱
是 是	爲 爲	三 三	綱 綱

시위삼강

이것을 일러 삼 강이라고 한다.

人	所	以	貴
사람 인	바 소	써 이	귀할 귀
人人	所所所所所所所	以以以以以	貴貴貴貴貴貴貴

인소이귀

사람이 귀한 이유는

以	其	倫	綱
써 이	그 기	인륜 륜	벼리 강
以以以以以	其其其其其其其	倫倫倫倫倫倫倫	綱綱綱綱綱綱綱

이기윤강

오륜과 삼강이 있기 때문이다.

足	容	必	重	족용필중
발 족	얼굴 용	반드시 필	무거울 중	발의 모양은 반드시 신중하게 하고
足足足足足足足	容容容突突容容	必必必必必	重重重重重重重	

手	容	必	恭	수용필공
손 수	얼굴 용	반드시 필	공손할 공	손의 모양은 반드시 공손하게 하며
手手手手	容容突突突容容	必必必必必	恭恭恭共恭恭恭	

目	容	必	端
눈 목	얼굴 용	반드시 필	바를 단
目 冂 目 目 目	容 容 宠 突 突 容 容	必 必 必 必	端 端 端 端 端 端 端

목용필단

눈의 모양은
반드시 단정하
게 하고

口	容	必	止
입 구	얼굴 용	반드시 필	그칠 지
口 口 口	容 容 宠 突 突 容 容	必 必 必 必	止 止 止 止

구용필지

입의 모양은
반드시 지긋이
다물어야 하며

聲	容	必	靜
소리 성	얼굴 용	반드시 필	고요할 정
聲聲聲聲聲聲聲	容容容容容容容	必必必必必	靜靜靜靜靜靜靜
聲 聲	容 容	必 必	靜 靜

성용필정

목소리 상태는
반드시 조용하
게 하고

頭	容	必	直
머리 두	얼굴 용	반드시 필	곧을 직
頭頭頭頭頭頭頭	容容容容容容容	必必必必必	直直直直直直直
頭 頭	容 容	必 必	直 直

두용필직

머리 모양은
반드시 곧게
세우며

氣	容	必	肅	**기용필숙**
기운 **기**	얼굴 **용**	반드시 **필**	엄숙할 **숙**	노하여 화낼 때의 모습은 반드시 엄숙해야 하고
氣氣气气氣氣氣	容容穵突突容容	必必必必必	肅肅肅肅肅肅肅	
氣 氣	容 容	必 必	肅 肅	

立	容	必	德	**입용필덕**
설 **립**	얼굴 **용**	반드시 **필**	큰 **덕**	서 있는 모습은 반드시 덕을 갖추어야 하며
立立立立立	容容穵突突容容	必必必必必	德德德德德德德	
立 立	容 容	必 必	德 德	

色	容	必	莊
빛 색	얼굴 용	반드시 필	장중할 장
色色色色色色	容容容突突容容	必必必必	莊莊莊莊莊莊莊
色 色	容 容	必 必	莊 莊

색용필장

얼굴빛은 반드
시 씩씩하고
늠름한 표정이
어야 하니

是	曰	九	容
옳을 시	가로 왈	아홉 구	얼굴 용
是是是是是是是	日口日日	九九	容容容突突容容
是 是	曰 曰	九 九	容 容

시왈구용

이것을 아홉
가지 모습이라
고 말한다.

視	必	思	明
볼 **시**	반드시 **필**	생각할 **사**	밝을 **명**
視視視視視視視	必必必必必	思思思思思思思	明明明明明明明
視　視	必　必	思　思	明　明

시필사명

사물을 볼 때에는 반드시 분명하게 볼 것을 생각하고

聽	必	思	聰
들을 **청**	반드시 **필**	생각할 **사**	귀 밝을 **총**
聽聽聽聽聽聽聽	必必必必必	思思思思思思思	聰聰聰聰聰聰聰
聽　聽	必　必	思　思	聰　聰

청필사총

소리를 들을 때에는 반드시 총명하게 들을 것을 생각하며

147

色	必	思	溫
빛 색	반드시 필	생각할 사	따뜻할 온
色色色色色色	必必必必必	思思思思思思思	溫溫溫溫溫溫溫
色 色	必 必	思 思	溫 溫

색필사온

얼굴빛은 반드시 온화하게 할 것을 생각하고

貌	必	思	恭
얼굴 모	반드시 필	생각할 사	공손할 공
貌貌貌貌貌貌貌	必必必必必	思思思思思思思	恭恭恭恭恭恭恭
貌 貌	必 必	思 思	恭 恭

모필사공

용모는 반드시 공손하게 할 것을 생각하며

言	必	思	忠
말씀 **언**	반드시 **필**	생각할 **사**	충성 **충**
言言言言言言言	必必必必必	思思思思思思思	忠忠忠忠忠忠忠
言 言	必 必	思 思	忠 忠

언필사충

말은 반드시 충실하게 할 것을 생각하고

事	必	思	敬
일 **사**	반드시 **필**	생각할 **사**	공경할 **경**
事事事事事事事	必必必必必	思思思思思思思	敬敬敬敬敬敬敬
事 事	必 必	思 思	敬 敬

사필사경

일은 반드시 공경하게 할 것을 생각하며

疑	必	思	問
의심할 의	반드시 필	생각할 사	물을 문
疑疑疑疑疑疑	必必必必必	思思思思思思	問問問問門門問

의필사문

의심나는 것은 반드시 물을 것을 생각하고

忿	必	思	難
성낼 분	반드시 필	생각할 사	어려울 난
忿忿忿分分忿忿	必必必必必	思思思思思思	難難難難難難難

분필사난

화가 날 때에는 반드시 후환이 닥칠 것을 생각하며

見	得	思	義
볼 견	얻을 득	생각할 사	옳을 의
見 冂 冃 冃 月 見 見	得 得 得 得 得 得 得	思 思 思 思 思 思 思	義 義 義 義 義 義 義

견득사의

얻을 것을 보면 반드시 의로운 것인지를 생각해야 하니

是	曰	九	思
옳을 시	가로 왈	아홉 구	생각할 사
是 是 是 是 是 是 是	曰 口 日 日	九 九	思 思 思 思 思 思 思

시왈구사

이것을 아홉 가지 생각이라고 말한다.

非	禮	勿	視	비례물시
				예가 아니면 보지도 말고
아닐 비	예도 례	말 물	볼 시	
非非非非非非	禮禮禮禮禮禮	勿勿勿勿	視視視視視視視	
非 非	禮 禮	勿 勿	視 視	

非	禮	勿	聽	비례물청
				예가 아니면 듣지도 말며
아닐 비	예도 례	말 물	들을 청	
非非非非非非	禮禮禮禮禮禮	勿勿勿勿	聽聽聽聽聽聽聽	
非 非	禮 禮	勿 勿	聽 聽	

非	禮	勿	言	비례물언
아닐 비	예도 례	말 물	말씀 언	예가 아니면 말하지 말고
非非非非非非	禮禮禮禮禮禮	勿勿勿勿	言言言言言言	
非 非	禮 禮	勿 勿	言 言	

非	禮	勿	動	비례물동
아닐 비	예도 례	말 물	움직일 동	예가 아니면 행동하지 말아야 한다.
非非非非非非	禮禮禮禮禮禮	勿勿勿勿	動動動動動動	
非 非	禮 禮	勿 勿	動 動	

사자소학 바르게 쓰기

行	必	正	直	**행필정직**
갈 행	반드시 필	바를 정	곧을 직	행동은 반드시 바르고 곧게 하고
行行行行行行	必必必必必	正正正正正	直直直直直直直	

言	則	信	實	**언즉신실**
말씀 언	곧 즉	믿을 신	열매 실	말은 믿음 있고 진실하게 하며
言言言言言言言	則則則則則則則	信信信信信信信	實實實實實實實	

154

容	貌	端	正
얼굴 용	얼굴 모	바를 단	바를 정
容容容突突容容	貌貌貌貌貌貌貌	端端端端端端端	正正正正正

용모단정

용모는 단정하게 하고

衣	冠	整	齊
옷 의	갓 관	가지런할 정	가지런할 제
衣衣衣衣衣衣	冠冠冠冠冠冠冠	整整整整整整整	齊齊齊齊齊齊齊

의관정제

의관의 차림새는 바르고 가지런하게 하라.

居	處	必	恭	**거처필공**
살 거	살 처	반드시 **필**	공손할 **공**	거주하는 것은 반드시 공손하게 하고
居居居居居居居	處處處處處處處	必必必必必	恭恭恭恭恭恭恭	
居 居	處 處	必 必	恭 恭	

步	履	安	詳	**보리안상**
걸음 보	신 리	편안할 **안**	자세할 **상**	걸음걸이는 편안하고 신중히 하라.
步步步步步步步	履履履履履履履	安安安安安安	詳詳詳詳詳詳詳	
步 步	履 履	安 安	詳 詳	

作	事	謀	始
지을 작	일 사	꾀할 **모**	처음 시
作作作作作作作	事事事事事事事	謀謀謀謀謀謀謀	始始始始始始始
作 作	事 事	謀 謀	始 始

작사모시

일을 할 때에
는 시작을 잘
계획하고

出	言	顧	行
날 **출**	말씀 **언**	돌아볼 고	갈 행
出出出出出	言言言言言言言	顧顧顧顧顧顧顧	行行行行行行
出 出	言 言	顧 顧	行 行

출언고행

말을 할 때에
는 행실을 돌
아보라.

常	德	固	持	**상덕고지**
항상 상	큰 덕	굳을 고	가질 지	항상 변함없는 덕을 굳게 지키고
常常常常常常常	德德德德德德德	固固固固固固固	持持持持持持持	
常　常	德　德	固　固	持　持	

然	諾	重	應	**연낙중응**
그러할 연	허락할 낙	무거울 중	응할 응	승낙할 때에는 신중하게 대답하라.
然然然然然然然	諾諾諾諾諾諾諾	重重重重重重重	應應應應應應應	
然　然	諾　諾	重　重	應　應	

飮	食	愼	節
마실 음	밥 식	삼갈 신	마디 절
飮飮飮飮飮飮飮	食食食食食食食	愼愼愼愼愼愼愼	節節節節節節節
飮飮	食食	愼愼	節節

음식신절

먹고 마실 때
에는 삼가고
절제하며

言	語	恭	遜
말씀 언	말씀 어	공손할 공	겸손할 손
言言言言言言言	語語語語語語語	恭恭恭恭恭恭恭	遜遜遜遜遜遜遜
言言	語語	恭恭	遜遜

언어공손

언어는 공손하
게 하라.

德	業	相	勸
큰 덕	업 업	서로 상	권할 권
德德德德德德德	業業業業業業業	相相相相相相相	勸勸勸勸勸勸勸
德 德	業 業	相 相	勸 勸

덕업상권

덕을 세우는 일은 서로 권장하고

過	失	相	規
허물 과	잃을 실	서로 상	법 규
過過過過過過過	失失失失失	相相相相相相相	規規規規規規規
過 過	失 失	相 相	規 規

과실상규

과실은 서로 규제하며

禮	俗	相	交
예도 례	풍속 속	서로 상	사귈 교
禮禮禮禮禮禮	俗俗俗俗俗俗	相相相相相相相	交交交交交交
禮 禮	俗 俗	相 相	交 交

예속상교

예의 있는 풍
속으로 서로
사귀고

患	難	相	恤
근심 환	어려울 난	서로 상	구휼할 휼
患患患患患患	難難難難難難難	相相相相相相相	恤恤恤恤恤恤
患 患	難 難	相 相	恤 恤

환난상휼

재앙과 어려운
일은 서로 도
와주어라.

貧	窮	困	厄	**빈궁곤액**
가난할 **빈**	다할 **궁**	괴로울 **곤**	액 **액**	가난하여 곤란한 일이 있을 때에는
貧貧貧貧貧貧貧	窮窮窮窮窮窮窮	困困困困困困	厄厄厄厄	

親	戚	相	救	**친척상구**
친할 **친**	겨레 **척**	서로 **상**	구원할 **구**	친척들이 서로 도와주고
親親親親親親親	戚戚戚戚戚戚戚	相相相相相相相	救救救救救救救	

婚	姻	死	喪
혼인할 **혼**	혼인 **인**	죽을 **사**	죽을 **상**
婚婚婚婚婚婚婚	姻姻姻姻姻姻姻	死死死死死死	喪喪喪喪喪喪喪
婚 婚	姻 姻	死 死	喪 喪

혼인사상

혼인과 초상
에는

鄰	保	相	助
이웃 **린**	지킬 **보**	서로 **상**	도울 **조**
鄰鄰鄰鄰鄰鄰鄰	保保保保保保保	相相相相相相相	助助助助助助助
鄰 鄰	保 保	相 相	助 助

인보상조

이웃끼리 서로
돕고 협조해
주어라.

修	身	齊	家	**수신제가**
닦을 수	몸 신	가지런할 제	집 가	자기 몸을 수양하고 집안을 가지런히 하는 것은
修修修修修修	身身身身身身	齊齊齊齊齊齊齊	家家家家家家家	
修 修	身 身	齊 齊	家 家	

治	國	之	本	**치국지본**
다스릴 치	나라 국	갈 지	근본 본	나라를 디스리는 근본이며
治治治治治治治	國國國國國國國	之之之	本本本本本	
治 治	國 國	之 之	本 本	

讀	書	勤	儉
읽을 독	글 서	부지런할 근	검소할 검
讀讀讀讀讀讀讀	書書書書書書書	勤勤勤勤勤勤勤	儉儉儉儉儉儉儉
讀 讀	書 書	勤 勤	儉 儉

독서근검

책을 읽고 부 지런하며 검소 한 것은

起	家	之	本
일어날 기	집 가	갈 지	근본 본
起起起起起起起	家家家家家家家	之之之	本本本本本
起 起	家 家	之 之	本 本

기가지본

집안을 일으키 는 근본이다.

忠	信	慈	祥	충신자상
충성 충	믿을 신	사랑할 자	상서로울 상	진정으로 믿음 직하고 자상 하며
忠忠忠忠忠忠忠	信信信信信信信	慈慈慈慈慈慈慈	祥祥祥祥祥祥祥	
忠 忠	信 信	慈 慈	祥 祥	

溫	良	恭	儉	온량공검
따뜻할 온	어질 량	공손할 공	검소할 검	온순하고 어질 고 공손하며 검소하라.
溫溫溫溫溫溫溫	良良良良良良良	恭恭恭恭恭恭恭	儉儉儉儉儉儉儉	
溫 溫	良 良	恭 恭	儉 儉	

人	之	德	行	인지덕행
사람 인	갈 지	큰 덕	갈 행	사람의 덕행은
人人	之之之	德德德德德德德	行行行行行行	
人 人	之 之	德 德	行 行	

謙	讓	爲	上	겸양위상
겸손할 겸	사양할 양	할 위	위 상	겸손과 사양이 가장 먼저이다.
謙謙謙謙謙謙謙	讓讓讓讓讓讓讓	爲爲爲爲爲爲爲	上上上	
謙 謙	讓 讓	爲 爲	上 上	

莫	談	他	短	막담타단
없을 막	말씀 담	다를 타	짧을 단	다른 사람의 단점을 말하지 말고
莫莫莫莫莫莫莫	談談談談談談談	他他他他他	短短短短短短短	

靡	恃	己	長	미시기장
쓰러질 미	믿을 시	자기 기	길 장	자기의 장점을 믿지 말라.
靡靡靡靡靡靡靡	恃恃恃恃恃恃恃	己己己	長長長長長長長	

己	所	不	欲	기소불욕
자기 기	바 소	아닐 불	하고자 할 욕	자기 자신이 하고 싶지 아니한 것을
己己己	所所所所所所所	不不不不	欲欲欲欲欲欲欲	
己 己	所 所	不 不	欲 欲	

勿	施	於	人	물시어인
말 물	베풀 시	어조사 어	사람 인	남에게 시키지 말라.
勿勿勿勿	施施施施施施施	於於於於於於於	人人	
勿 勿	施 施	於 於	人 人	

積	善	之	家	**적선지가**
쌓을 적	착할 선	갈 지	집 가	선행을 쌓은 집안은
積積積積積積積	善善善善善善善	之之之	家家家家家家家	
積 積	善 善	之 之	家 家	

必	有	餘	慶	**필유여경**
반드시 필	있을 유	남을 여	경사 경	반드시 후손에게 경사가 있고
必必必必必	有有有有有有	餘餘餘餘餘餘	慶慶慶慶慶慶慶	
必 必	有 有	餘 餘	慶 慶	

積	惡	之	家
쌓을 적	악할 악	갈 지	집 가
積積積積積積積	惡惡惡惡惡惡惡	之之之	家家家宇家家家
積 積	惡 惡	之 之	家 家

적악지가

악행을 쌓은
집안은

必	有	餘	殃
반드시 필	있을 유	남을 여	재앙 앙
必必必必必	有有有有有有	餘餘餘餘餘餘餘	殃殃殃殃殃殃殃
必 必	有 有	餘 餘	殃 殃

필유여앙

반드시 후손에
게 재앙이 있
게 된다.

損	人	利	己
덜 **손**	사람 **인**	이로울 **리**	자기 **기**
損損損損損損損	人人	利利利利利利利	己己己
損 損	人 人	利 利	己 己

손인이기

남을 손해 보게
하고 자신만
이롭게 하면

終	是	自	害
끝날 **종**	옳을 **시**	스스로 **자**	해할 **해**
終終終終終終終	是是是是是是是	自自自自自自	害害害害害害害
終 終	是 是	自 自	害 害

종시자해

마침내 자신도
해롭게 된다.

禍	福	無	門
재화 **화**	복 복	없을 무	문 문
禍禍禍禍禍禍禍	福福福福福福福	無无无無無無無	門門門門門門門
禍 禍	福 福	無 無	門 門

재앙과 복은 특정한 문이 없고

惟	人	所	召
생각할 유	사람 인	바 소	부를 소
惟惟惟惟惟惟惟	人人	所所所所所所所	召召召召召
惟 惟	人 人	所 所	召 召

유인소소

오직 사람이 불러들이는 것 이다.

嗟	嗟	小	子	차차소자
탄식할 차	탄식할 차	작을 소	아들 자	아! 사랑하는 어린 제자들아
嗟嗟嗟嗟嗟嗟嗟	嗟嗟嗟嗟嗟嗟嗟	小小小	子子子	
嗟 嗟 嗟 嗟		小 小 子 子		

敬	受	此	書	경수차서
공경할 경	받을 수	이 차	글 서	이 책을 공경하게 받아라.
敬敬敬敬敬敬敬	受受受受受受受	此此此此此此	書書書書書書書	
敬 敬 受 受		此 此 書 書		

174

非	我	言	耄
아닐 비	나 아	말씀 언	늙은이 모
非非非非非非非	我我我我我我我	言言言言言言言	耄耄耄耄耄耄耄
非 非	我 我	言 言	耄 耄

비아언모

내 말은 늙은 이의 망령이 아니라

惟	聖	之	謨
생각할 유	성스러울 성	갈 지	꾀 모
惟惟惟惟惟惟惟	聖聖聖聖聖聖聖	之之之	謨謨謨謨謨謨謨
惟 惟	聖 聖	之 之	謨 謨

유성지모

오직 성인의 가르치심이니라.

부록

- 한 자에 둘 이상의 다른 음이 있는 글자

- 혼동하기 쉬운 한자

한 자에 둘 이상의 다른 음이 있는 글자 [同字異音語]

降	내릴 강	降雨강우, 昇降승강
	항복할 항	降伏항복, 投降투항

更	다시 갱	更生갱생, 更紙갱지
	고칠 경	更張경장, 三更삼경

車	수레 거	四輪車사륜거
	수레 차	車票차표, 馬車마차

見	볼 견	見聞견문, 一見일견
	뵈올 현	謁見알현, 露見노현

告	고할 고	告示고시, 豫古예고
	청할 곡	告寧곡녕, 出必告출필곡

串	꿸 관	串童관동, 串戲관희
	꼬챙이 찬	串子찬자, 官串관찬
	땅이름 곶	甲串갑곶(地名)

龜	거북 구	龜浦구포(地名), 龜茲구자(國名)
	거북 귀	龜鑑귀감, 龜尾兎角귀미토각
	터질 균	龜裂균열, 龜坼균탁

金	쇠 금	金品금품, 賞金상금
	성 김	金氏김씨. 金浦김포(地名)

奈	어찌 나	奈落나락
	어찌 내	奈何내하

南	남녘 남	南北남북
	범어 나	南無나무

帑	처자 노	妻帑처노, 鳥帑조노
	금고 탕	內帑金내탕금, 帑庫탕고

茶	차 다　茶菓다과, 點茶점다, 茶洞다동(地名)
	차 차　紅茶홍차, 葉茶엽차
宅	집 댁　宅內댁내, 宅下人댁하인
	집 택　宅地택지, 住宅주택
度	법도 도　度數도수, 年度년도
	헤아릴 탁　度支部탁지부 忖度촌탁
讀	읽을 독　讀書독서, 耽讀탐독
	구절 두　吏讀이두, 句讀구두
洞	마을 동　洞里동리, 合洞합동
	살필 통　洞察통찰, 洞燭통촉
屯	진칠 둔　屯田둔전, 駐屯주둔
	험할 준　屯困준곤, 屯險준험
樂	즐길 락　樂園낙원
	좋아할 요　樂山樂水요산요수
反	돌이킬 반　反亂반란, 違反위반
	어려울 번　反田번전, 反胃번위
白	흰 백　白骨백골
	아뢸 백　主人白주인백

便	똥오줌 변　便所변소, 小便소변
	편할 편　便理편리, 郵便우편
復	돌아올 복　復歸복귀, 恢復회복
	다시 부　復活부활, 復興부흥
父	아비 부　父母부모, 生父생부
	자 보　尙父상보, 尼父이보
否	아닐 부　否決부결, 可否가부
	막힐 비　否塞비색, 否運비운
北	북녘 북　北進북진, 南北남북
	달아날 배　敗北패배
分	나눌 분　分裂분열, 部分부분
	푼 푼　分錢푼전
不	아닐 불　不死草불사초
	아닐 부　不動産부동산, 不在부재
沸	끓을 비　沸騰비등, 煮沸자비
	용솟음할 불　沸水불수, 沸然불연
寺	절 사　寺刹사찰, 本寺본사
	관청 시　寺人시인

179

殺	죽일 **살** 殺生살생, 死殺사살 빠를 **쇄** 殺到쇄도, 相殺상쇄
狀	형상 **상** 狀況상황, 狀態상태 문서 **장** 狀啓장계, 賞狀상장
索	찾을 **색** 索引색인, 思索사색 쓸쓸할, 노 **삭** 索莫삭막, 　　　　　　索道삭도
塞	막힐 **색** 塞源색원, 閉塞폐색 요새 **새** 塞翁之馬새옹지마, 　　　　　　要塞요새
說	말씀 **설** 說得설득, 學說학설 달랠 **세** 說客세객, 遊說유세 기쁠 **열** 說喜열희, 　　　　　　不亦說乎불역열호
省	살필 **성** 省墓성묘, 反省반성 덜 **생** 省略생략, 省力생력
率	거느릴 **솔** 率先솔선, 引率인솔 비율 **률** 率身율신, 能率능률
衰	쇠할 **쇠** 衰退쇠퇴, 盛衰성쇠 상옷 **최** 衰服최복

數	셀 **수** 數學수학, 運數운수 자주 **삭** 數白삭백, 頻數빈삭
宿	잘 **숙** 宿泊숙박, 路宿노숙 별자수 **수** 宿曜수요, 　　　　　　二十八宿이십팔수
食	밥 **식** 食堂식당, 　　　　美食家미식가 먹을 **사** 食氣사기, 蔬食소사
十	열 **십** 十二支십이지 열번째 **시** 十月시월, 　　　　　　十方世界시방세계
什	열사람 **십** 什長십장, 什六십육 세간 **집** 什器집기, 佳什가집
惡	악할 **악** 惡漢악한, 懲惡징악 미워할 **오** 惡寒오한, 憎惡증오
於	어조사 **어** 於是乎어시호, 　　　　　　於焉間어언간 탄식할 **오** 於兔오토, 於乎오호
葉	입 **엽** 葉書엽서, 落葉낙엽 성 **섭** 葉氏섭씨, 　　　　迦葉가섭(人名)

六	여섯 육　六法육법 여섯 번 유　五六月오뉴월
易	쉬울 이　易慢이만, 難易난이 바꿀 역　易學역학, 貿易무역
咽	목구멍 인　咽喉인후, 咽頭인두 목멜 열　嗚咽오열
炙	구울 자　炙背자배, 膾炙회자 구울 적　炙鐵적철, 散炙산적
刺	찌를 자　刺戟자극, 諷刺풍자 찌를 척　刺殺척살, 刺船척선 수라 라　水刺수라
場	마당 장　場所장소 마당 량　道場도량
抵	막을 저　抵抗저항, 　　　　　根低當근저당 칠 지　抵掌지장
著	나타날 저　著述저술, 顯著현저 붙을 착　著近착근, 附著부착
切	끊을 절　切迫절박, 一切일절 온통 체　一切일체

提	끌 제　提携제휴, 前提전제 떼지어날 시　提提시시 깨달을 리　菩提授보리수
佐	도울 좌　補佐보좌 도울 자　佐飯자반
辰	별 진　辰時진시, 日辰일진 새벽 신　生辰생신, 星辰성신
徵	부를 징　徵兵징병, 象徵상징 음률 치　宮尙角徵羽 　　　　궁상각치우(五音오음)
差	다를 차　差別차별, 格差격차 차별 치　差參치참, 差輕치경
帖	표제 첩　帖着첩착, 手帖수첩 체지 체　帖文체문, 帖紙체지
諦	살필 체　諦念체념, 妙諦묘체 울 제　眞諦진제, 三諦삼제
丑	소 축　丑時축시 이름 추　公孫丑공손추(人名)
則	법칙 칙　則度칙도, 規則규칙 곧 즉　然則연즉

沈	잠길 침	沈沒침몰, 擊沈격침
	성 심	沈氏심씨

拓	박을 탁	拓本탁본, 拓落탁락
	넓힐 척	拓殖척식, 開拓개척

跛	절름발이 파	跛行파행, 跛蹇파건
	비스듬히설 피	跛立피립, 跛依피의

婆	할미 파	婆娑파사, 老婆노파
	세상 바	婆羅門바라문, 婆婆世界사바세계

八	여덟 팔	八日팔일
	여덟번 파	四月初八日 사월초파일

布	펼 포	布告포고, 頒布반포
	보시 보	布施보시

暴	사나울 폭	暴動폭동, 亂暴난폭
	사나울 포	暴惡포악, 橫暴횡포

皮	가죽 피	皮革피혁, 木皮목피
	가죽 비	鹿皮녹비

行	다닐 행	行列행렬, 決行결행
	항렬 항	行列항렬, 叔行숙항

陜	좁을 협	陜隘협애, 山陜산협
	땅이름 합	陜川합천(地名)

滑	미끄러울 활	滑走路활주로, 圓滑원활
	익살스러울 골	滑稽골계

혼동하기 쉬운 한자

佳	아름다울 가 (佳人가인)	甲	첫째천간 갑 (甲乙갑을)	鋼	굳셀 강 (鋼鐵강철)
住	살 주 (住宅주택)	申	펼 신 (申告신고)	綱	벼리 강 (綱領강령)
往	갈 왕 (往來왕래)	由	말미암을 유 (理由이유)	網	그물 망 (魚網어망)
閣	누각 각 (樓閣누각)	田	밭 전 (田畓전답)	腔	빈속 강 (腹腔복강)
閤	쪽문 합 (守閤수합)	幹	줄기 간 (基幹기간)	控	당길 공 (控除공제)
刻	새길 각 (彫刻조각)	斡	구를 알 (斡旋알선)	儉	검소할 검 (儉素검소)
核	씨 핵 (核心핵심)	干	방패 간 (干城간성)	險	험할 험 (險難험난)
該	그 해 (該當해당)	于	어조사 우 (于先우선)	檢	검사할 검 (點檢점검)
殼	껍질 각 (貝殼패각)	鬼	귀신 귀 (鬼神귀신)	件	물건 건 (要件요건)
穀	곡식 곡 (穀食곡식)	蒐	모을 수 (蒐集수집)	伴	짝 반 (同伴동반)
毅	굳셀 의 (毅然의연)	減	덜 감 (減少감소)	建	세울 건 (建築건축)
		滅	멸망할 멸 (滅亡멸망)	健	건강할 건 (健康건강)

犬 개 견 (猛犬맹견)	頃 잠깐 경 (頃刻경각)	困 곤할 곤 (疲困피곤)
大 큰 대 (大將대장)	頂 정수리 정 (頂上정상)	囚 가둘 수 (囚人수인)
丈 어른 장 (方丈방장)	項 목덜미 항 (項目항목)	因 인할 인 (因緣인연)
太 클 태 (太極태극)	計 셈할 계 (計算계산)	汨 빠질 골 (汨沒골몰)
坑 구덩이 갱 (坑道갱도)	訃 부음 부 (訃音부음)	泊 쉴 박 (宿泊숙박)
抗 겨룰 항 (抵抗저항)	戒 경계할 계 (警戒경계)	壞 무너질 괴 (破壞파괴)
堅 굳을 견 (堅實견실)	戎 병기 융 (戎車융거)	壤 흙 양 (土壤토양)
竪 세울 수 (竪立수립)	季 철 계 (季節계절)	勸 권할 권 (勸善권선)
決 결단할 결 (決定결정)	李 자두 리 (行李행리)	權 권세 권 (權利권리)
快 쾌할 쾌 (豪快호쾌)	秀 빼어날 수 (優秀우수)	攻 칠 공 (攻擊공격)
境 경계 경 (終境종경)	階 섬돌 계 (階段계단)	切 끊을 절 (切斷절단)
意 뜻 의 (謝意사의)	陸 뭍 륙 (陸地육지)	巧 공교로울 교 (技巧기교)
更 고칠 경 (變更변경)	苦 괴로울 고 (苦難고난)	寡 적을 과 (多寡다과)
吏 벼슬 리 (吏房리방)	若 만약 약 (萬若만약)	裏 속 리 (表裏표리)
曳 끌 예 (曳引예인)	孤 외로울 고 (孤獨고독)	囊 주머니 낭 (行囊행낭)
競 다툴 경 (競爭경쟁)	狐 여우 호 (白狐백호)	科 과정 과 (科目과목)
兢 삼갈 긍 (兢戒긍계)		料 헤아릴 료 (料量료량)

拘	잡을 구 (拘束구속)
抱	안을 포 (抱擁포옹)
汲	물길을 급 (汲水급수)
吸	마실 흡 (呼吸호흡)
貴	귀할 귀 (富貴부귀)
責	꾸짖을 책 (責望책망)
斤	근 근 (斤量근량)
斥	무리칠 척 (排斥배척)
己	몸 기 (自己자기)
已	이미 이 (已往이왕)
瓜	오이 과 (木瓜목과)
爪	손톱 조 (爪牙조아)
肯	즐길 긍 (肯定긍정)
背	등 배 (背信배신)
棄	버릴 기 (棄兒기아)
葉	잎 엽 (落葉낙엽)

難	어려울 난 (困難곤난)
離	떠날 리 (離別이별)
納	들일 납 (納入납입)
紛	어지러울 분 (紛爭분쟁)
奴	종 노 (奴隸노예)
如	같을 여 (如一여일)
短	짧을 단 (短劍단검)
矩	법 구 (矩步구보)
旦	일찍 단 (元旦원단)
且	또 차 (且置차치)
端	단정할 단 (端正단정)
瑞	상서로울 서 (瑞光서광)
貸	빌릴 대 (轉貸전대)
賃	품삯 임 (賃金임금)
代	대신할 대 (代用대용)
伐	칠 벌 (討伐토벌)

領	거느릴 령 (首領수령)
頒	나눌 반 (頒布반포)
頌	칭송할 송 (頌歌송가)
待	기다릴 대 (期待기대)
侍	모실 시 (侍女시녀)
戴	일 대 (負戴부대)
載	실을 재 (積載적재)
徒	걸어다닐 도 (徒步도보)
徙	옮길 사 (移徙이사)
都	도읍 도 (首都수도)
部	나눌 부 (部分부분)
蹈	밟을 도 (舞蹈무도)
踏	밟을 답 (踏襲답습)
卵	알 란 (鷄卵계란)
卯	토끼 묘 (卯時묘시)
剌	고기뛰는소리 랄 (潑剌발랄)
刺	찌를 자 (刺戟자극)

憐	가련할 련 (憐憫연민)	昧	어두울 매 (三昧삼매)	微	작을 미 (微笑미소)
隣	이웃 린 (隣近인근)	味	맛 미 (味覺미각)	徵	부를 징 (徵集징집)
輪	바퀴 륜 (輪廻윤회)	眠	쉴 면 (睡眠수면)	拍	손뼉칠 박 (拍手박수)
輸	실어낼 수 (輸出수출)	眼	눈 안 (眼目안목)	栢	잣나무 백 (冬栢동백)
暮	저물 모 (日暮일모)	免	면할 면 (免除면제)	薄	엷을 박 (薄明박명)
募	모을 모 (募集모집)	兔	토끼 토 (兔皮토피)	簿	장부 부 (帳簿장부)
慕	사모할 모 (思慕사모)	鳴	울 명 (悲鳴비명)	迫	핍박할 박 (逼迫핍박)
栗	밤 률 (栗木율목)	嗚	탄식할 오 (嗚咽오열)	追	쫓을 추 (追憶추억)
粟	조 속 (粟豆속두)	母	어미 모 (母情모정)	飯	밥 반 (白飯백반)
理	다스릴 리 (倫理윤리)	毋	말 무 (毋論무론)	飲	마실 음 (飲料음료)
埋	묻을 매 (埋葬매장)	貫	꿸 관 (貫句관구)	倣	본뜰 방 (模倣모방)
漠	사막 막 (沙漠사막)	侮	업신여길 모 (侮辱모욕)	做	지을 주 (看做간주)
模	법 모 (模範모범)	悔	뉘우칠 회 (後悔후회)	番	차례 번 (番號번호)
幕	장막 막 (天幕천막)	沐	목욕할 목 (沐浴목욕)	審	살필 심 (審査심사)
墓	무덤 묘 (墓地묘지)	休	쉴 휴 (休息휴식)	罰	벌줄 벌 (罰金벌금)
末	끝 말 (末路미로)	戊	다섯째천간 무 (戊時무시)	罪	죄 죄 (犯罪범죄)
未	아닐 미 (未來미래)	戌	개 술 (甲戌年갑술년)		

壁	벽 벽 (土壁토벽)	氷	얼음 빙 (解氷해빙)	查	조사할 사 (調査조사)
璧	둥근옥 벽 (完璧완벽)	永	길 영 (永久영구)	杳	아득할 묘 (杳然묘연)
變	변할 변 (變化변화)	士	선비 사 (紳士신사)	衰	쇠할 쇠 (衰退쇠퇴)
燮	화할 섭 (燮理섭리)	土	흙 토 (土地토지)	衷	속마음 충 (衷心충심)
辨	분별할 변 (辨明변명)	使	부릴 사 (使用사용)	哀	슬플 애 (哀惜애석)
辦	힘쓸 판 (辦公費판공비)	便	편할 편 (簡便간편)	表	드러날 표 (表現표현)
博	넓을 박 (博士박사)	仕	벼슬 사 (奉仕봉사)	涉	건널 섭 (干涉간섭)
傅	스승 부 (師傅사부)	任	맡길 임 (任務임무)	陟	오를 척 (三陟삼척)
傳	전할 전 (傳受전수)	捨	버릴 사 (取捨취사)	書	글 서 (書房서방)
普	넓을 보 (普通보통)	拾	주을 습 (拾得습득)	晝	낮 주 (晝夜주야)
晉	나라 진 (晉州진주)	師	스승 사 (恩師은사)	畵	그림 화 (畵家화가)
奉	받들 봉 (奉養봉양)	帥	장수 수 (將帥장수)	雪	눈 설 (殘雪잔설)
奏	아뢸 주 (演奏연주)	思	생각할 사 (思想사상)	雲	구름 운 (雲霧운무)
奮	떨칠 분 (興奮흥분)	惠	은혜 혜 (恩惠은혜)	牲	희생 생 (犧牲희생)
奪	빼앗을 탈 (奪取탈취)	社	모일 사 (會社회사)	姓	일가 성 (姓氏성씨)
貧	가난할 빈 (貧弱빈약)	祀	제사 사 (祭祀제사)	恕	용서할 서 (容恕용서)
貪	탐할 탐 (貪慾탐욕)			怒	성낼 노 (怒氣노기)

棲 살 서 (棲息서식)	送 보낼 송 (放送방송)	粹 순수할 수 (精粹정수)
捷 이길 첩 (大捷대첩)	迭 바꿀 질 (更迭갱질)	碎 부술 쇄 (粉碎분쇄)
析 쪼갤 석 (分析분석)	旋 돌 선 (旋律선율)	遂 이룩할 수 (完遂완수)
折 꺾을 절 (折枝절지)	施 베풀 시 (實施실시)	逐 쫓을 축 (驅逐구축)
晳 밝을 석 (明晳명석)	唆 부추길 사 (示唆시사)	授 줄 수 (授受수수)
哲 밝을 철 (哲學철학)	悛 고칠 전 (改悛개전)	援 구원할 원 (救援구원)
惜 아낄 석 (惜別석별)	塞 변방 새 (要塞요새)	須 반드시 수 (必須필수)
借 빌 차 (借用차용)	寒 찰 한 (寒食한식)	順 순할 순 (順從순종)
宣 베풀 선 (宣傳선전)	撒 뿌릴 살 (撒布살포)	伸 펼 신 (伸張신장)
宜 마땅할 의 (便宜편의)	徹 관철할 철 (貫徹관철)	仲 버금 중 (仲秋節중추절)
失 잃을 실 (失敗실패)	象 코끼리 상 (象牙상아)	深 깊을 심 (夜深야심)
矢 화살 시 (嚆矢효시)	衆 무리 중 (衆生중생)	探 더듬을 탐 (探究탐구)
夭 일찍죽을 요 (夭折요절)	識 알 식 (識見식견)	延 끌 연 (延期연기)
俗 속될 속 (俗世속세)	織 짤 직 (織物직물)	廷 조정 정 (朝廷조정)
裕 넉넉할 유 (餘裕여유)	職 맡을 직 (職位직위)	緣 인연 연 (因緣인연)
損 덜 손 (缺損결손)	膝 무릎 슬 (膝下슬하)	綠 초록빛 록 (草綠초록)
捐 기부 연 (義捐金의연금)	勝 이길 승 (勝利승리)	

沿	좇을 연 (沿革연혁)	厄	재앙 액 (厄運액운)	威	위엄 위 (威力위력)
治	다스릴 치 (政治정치)	危	위태할 위 (危險위험)	咸	다 함 (咸集함집)
鹽	소금 염 (鹽田염전)	冶	쇠불릴 야 (陶冶도야)	惟	생각할 유 (思惟사유)
監	볼 감 (監督감독)	治	다스릴 치 (政治정치)	推	밀 추 (推進추진)
營	경영할 영 (經營경영)	與	줄 여 (授與수여)	幼	어릴 유 (幼年유년)
螢	반딧불 형 (螢光형광)	興	일어날 흥 (興亡흥망)	幻	허깨비 환 (幻想환상)
譽	명예 예 (名譽명예)	瓦	기와 와 (瓦解와해)	遺	남길 유 (遺物유물)
擧	들 거 (擧事거사)	互	서로 호 (相互상호)	遣	보낼 견 (派遣파견)
汚	더러울 오 (汚染오염)	浴	목욕할 욕 (浴室욕실)	玉	구슬 옥 (珠玉주옥)
汗	땀 한 (汗蒸한증)	沿	좇을 연 (沿革연혁)	王	임금 왕 (帝王제왕)
雅	우아할 아 (優雅우아)	宇	집 우 (宇宙우주)	壬	북방 임 (壬辰임진)
稚	어릴 치 (幼稚유치)	字	글자 자 (文字문자)	凝	엉길 응 (凝結응결)
謁	아뢸 알 (謁見알현)	熊	곰 웅 (熊膽웅담)	疑	의심할 의 (疑心의심)
揭	들 게 (揭示게시)	態	태도 태 (世態세태)	剩	남을 잉 (剩餘잉여)
仰	우러를 앙 (信仰신앙)	園	동산 원 (庭園정원)	乘	탈 승 (乘車승차)
抑	누를 억 (抑制억제)	圍	주위 위 (周圍주위)	子	아들 자 (子孫자손)
				孑	외로울 혈 (孑孑혈혈)

姿	모양 자 (姿態자태)	帝	임금 제 (帝王제왕)	汁	진액 즙 (果實汁과실즙)
恣	방자할 자 (放恣방자)	常	항상 상 (常識상식)	什	열사람 십 (什長십장)
暫	잠시 잠 (暫時잠시)	早	일찍 조 (早起조기)	捉	잡을 착 (捕捉포착)
漸	점점 점 (漸次점차)	旱	가물 한 (旱災한재)	促	재촉할 촉 (督促독촉)
斬	부끄러울 참 (無斬무참)	照	비출 조 (照明조명)	責	꾸짖을 책 (責望책망)
亭	정자 정 (亭子정자)	熙	빛날 희 (熙笑희소)	靑	푸를 청 (靑史청사)
享	누릴 향 (享樂향락)	兆	조짐 조 (前兆전조)	恩	바쁠 총 (恩恩총총)
亨	형통할 형 (亨通형통)	北	북녘 북 (北極북극)	忽	소홀히할 홀 (疏忽소홀)
杖	지팡이 장 (短杖단장)	潮	조수 조 (潮流조류)	追	따를 추 (追究추구)
枚	낱 매 (枚擧매거)	湖	호수 호 (湖畔호반)	退	물러갈 퇴 (退進퇴진)
齋	방 재 (書齋서재)	措	둘 조 (措處조처)	推	밀 추 (推薦추천)
齊	같을 제 (一齊일제)	借	빌 차 (借款차관)	堆	쌓을 퇴 (堆肥퇴비)
籍	서적 적 (戶籍호적)	尊	높을 존 (尊敬존경)	椎	쇠몽둥이 추 (椎骨추골)
藉	빙자할 자 (憑藉빙자)	奠	드릴 전 (釋奠석전)	蓄	쌓을 축 (貯蓄저축)
睛	눈동자 정 (眼睛안정)	佐	도울 좌 (補佐보좌)	畜	짐승 축 (家畜가축)
晴	갤 청 (晴天청천)	佑	도울 우 (天佑천우)	充	가득할 충 (充滿충만)
				允	허락할 윤 (允許윤허)

衝	부딪칠 충 (衝突충돌)	弊	폐단 폐 (弊端폐단)	悔	뉘우칠 회 (悔改회개)
衡	저울 형 (均衡균형)	幣	비단 폐 (幣帛폐백)	梅	매화나무 매 (梅花매화)
萃	모을 췌 (拔萃발췌)	蔽	가릴 폐 (隱蔽은폐)	吸	마실 흡 (呼吸호흡)
卒	군사 졸 (卒兵졸병)	爆	터질 폭 (爆發폭발)	吹	불 취 (鼓吹고취)
側	곁 측 (側近측근)	瀑	폭포 폭 (瀑布폭포)	次	버금 차 (次席차석)
測	헤아릴 측 (測量측량)	恨	한탄할 한 (怨恨원한)		
惻	슬퍼할 측 (惻隱측은)	限	한정할 한 (限界한계)		
飭	삼갈 칙 (勤飭근칙)	肛	똥구멍 항 (肛門항문)		
飾	꾸밀 식 (裝飾장식)	肝	간 간 (肝腸간장)		
浸	적실 침 (浸透침투)	幸	다행할 행 (幸福행복)		
沈	빠질 침 (沈默침묵)	辛	매울 신 (辛辣신랄)		
沒	빠질 몰 (沒入몰입)	護	보호할 호 (保護보호)		
坦	평평할 탄 (平坦편탄)	穫	거둘 확 (收穫수확)		
但	다만 단 (但只단지)	獲	얻을 획 (獲得획득)		
湯	끓일 탕 (湯藥탕약)	會	모을 회 (會談회담)		
渴	목마를 갈 (渴症갈증)	曾	일찍 증 (曾祖증조)